JN267653

Life & Business series

上司の心理学

部下の心をつかみ、能力を高める

日本メンタルヘルス協会代表
衛藤信之

ダイヤモンド社

上司の心理学……目次

第1章

どうすれば部下は動くのか
——権力から魅力へのリーダーシップ

第3章 「伝え方」の心理学
――部下が自ら動き出す自己主張の技術

第4章 「問題解決」の心理学

――意見の対立からベストアンサーを導く

第5章 「価値観」の心理学

――部下に組織の価値観と常識を指導する

第6章

勇気と行動がオフィスを変える

——明日から始める魅力型リーダーシップ

第1章

どうすれば部下は動くのか

——権力から魅力へのリーダーシップ

第1章 **どうすれば部下は動くのか**
権力から魅力へのリーダーシップ

第2章 **「聴き方」の心理学**
部下の心を理解し、能力を引き出す

第3章 **「伝え方」の心理学**
部下が自ら動き出す自己主張の技術

第4章 **「問題解決」の心理学**
意見の対立からベストアンサーを導く

第5章 **「価値観」の心理学**
部下に組織の価値観と常識を指導する

第6章 **勇気と行動がオフィスを変える**
明日から始める魅力型リーダーシップ

【新しい上司モデル】

この章では、部下は「何」によって意欲的になるのか、どういうときにやる気を削がれるかの深層心理を理解します。

人間的に魅力のない上司ほど、権威を笠に着て威圧的に部下を従わせようとします。その結果、部下は真心から仕事をせずに、批判を恐れて「指示待ち社員」へのプロセスをたどることになります。また、権力を乱用する上司も、部下からの本音のコミュニケーションが遮断され、心理的に孤独におちいってしまいます。

このような上下の情報交換不足が、組織の中に白けたムードを作り出し、この激動の時代に「外の変化」に対応するどころか、社内の「内部崩壊」さえ引き起こしてしまうのです。そうならないために、リーダーシップの新しい上司モデルを示します。

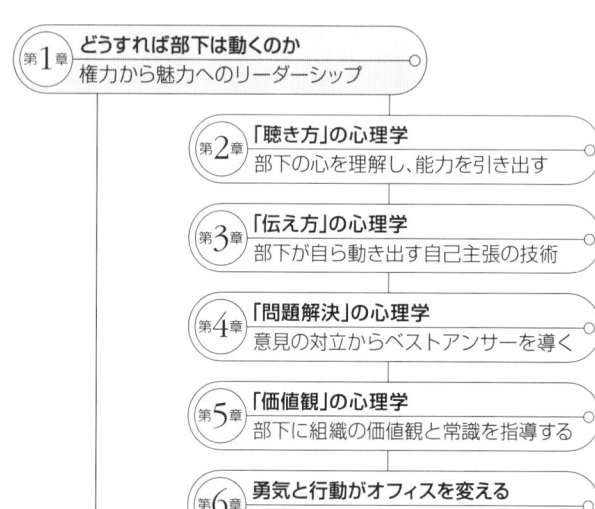

部下を育てるには、育てるための知恵が必要です。

すぐれた社員が多い企業には、すぐれた経営者や管理職がいます。これは、活性化された組織に共通する原則ですし、多くの企業を訪問して感じる私の実感でもあります。

それでは、どんな育て方が、部下を伸ばすための最善の方法なのでしょうか。リーダーシップや社員教育に関する書籍は数多く出版されていますが、この『上司の心理学』では、心理学の視点から、これからの時代に成功するリーダーシップについて、ひとつの明確な答えを示します。

心理学やカウンセリングの分野には、人の心をつかみ、能力を引き出すためのさまざまな考え方があります。それは、よくありがちな難しい抽象論ではなく、カウンセリングの現場で培われた具体的な技術論です。

「アクティブリスニング」「パッシブリスニング」は、上司と部下の信頼関係を高め、部下の思いを引き出すことができる聴き方の技術。「自己開示メッセージ」は、部下に自分の思いを主張する伝え方の技術です。そして、問題解決を導くための技術や、組織の価値観を指導するための技術など、部下との関係のなかで発生する状況ごとに、具体的な考え方や手法を紹介します。技術論については第2章以降で詳しく述べていますので、ぜひ本書を読み進めてください。

まず、この第1章では、これからの時代に求められる新しい上司のモデルを探ります。時代の流れを受けて、上司のリーダーシップは明らかに「権力」から「魅力」へとシフトしています。それは、部下に行動を強制するようなリーダーシップがすたれ、部下が上司の考え方に共感し、自ら能力を発揮していけるような魅力あるリーダーシップが求められていることを意味します。

では、なぜ権力が通用しなくなったのでしょうか。どうすれば、魅力あるリーダーシップを発揮できるのでしょうか。

この二つの質問に答えるのが、第1章の目的です。ここで述べることは具体的なカウンセリング手法を身につける際にとても重要な考え方となりますので、ぜひ理解しておいてください。

1　部下を動かせなくなった上司たち

もはや権力は通用しない

「なぜ、部下は思い通りに動いてくれないのか」

「なぜ、期待通りに育ってくれないのか」

こうした嘆きの声が、多くの管理職の方々から寄せられます。

上司が命令や指示を出しても、部下は効率よく動かなくなった。たしかに、その通りなのです。では、なぜ彼らは、これまでのようには動かなくなったのでしょうか。そのことを、心理学をひもときながら考えてみましょう。

いま、働く動機が明らかに変わってきています。

一昔前までは、生活の安定のため、お金のために仕事をしていました。つまり、お金を稼ぐこと、モノを得ることが働くことの強い動機になっていたのです。一生懸命に働けばテレビが買える、自動車が買える、良いところに住める……そういうことが皆の目標になっていました。

ですから、上司の命令や指示にも素直に従うことができたのです。上司の命令通りに動いていれば、会社は発展し、給料が上がりました。社内で出世し、もっと良い生活ができるようになったのです。こういった時代には、人間は権力に従ってでも我慢するのです。上司から言われた通りの仕事をこなしていれば、自分の生活が良くなることを知っていたからです。

ところが現在は、中流意識が満たされた時代です。生活は十分豊かになり、まわりを見回せばモノがあふれています。最低限の欲求はすでに満たされていますから、人々はもう一段高いレベルの欲求、つまりモノよりも心の充足を求めるようになっています。

もう、お金のためだけに仕事をしている時代は終わったのです。やりがいを感じられるような仕事をしたい。高い能力を身につけたい。仕事を通して自己実現していきたい。そういう意識が若い社員のあいだで強まっています。

私がこのような話をすると、「そんな大昔と比べられても……」と言われる管理職の方もいます。しかし、これは高度成長期に限った話ではありません。ほんの数年前までは、多少なりとも上司の「権力」が文字通り「威力」を発揮していたのです。

事実、数年前までの企業研修では、かつて全盛だった「猛烈型社員づくり」が相変わらず続いていました。会社のために、とにかく一生懸命に頑張る社員をつくろうという研修です。ところが現在は、そのような研修は見かけなくなりました。なぜなら、「猛烈型社員づくり」の研修を行なっても、何ら効果が見込めなくなったからです。

もう、上司の言うことを聴いたからといって、将来は保障されていません。いまや企業の役職はほとんど詰まっていて、無理して役職をつくっても肩書だけのもので終わってしまう。それに、上司の命令に忠実に従ってきた社員が目の前で次々とリストラされているわけです。そういうものを見たときに、もう権力では人は動かなくなるのです。

理屈で部下は動かない

ところが多くの上司は、相変わらず自分が働いてきたような動機で部下を従わせようとしています。意識的あるいは無意識のうちに、上司の権力がまだまだ通用すると考えているのです。

だから、心の充足を求めている部下に対して、権力を行使して部下の感情を押さえ込もうとしてしまう。部下の立場からみれば、「心の充足」という一番の目的が叶わなくなる。「それだったら、無理して命令に従うこともないな」と感じてしまうのです。

つまり、モチベーションの方向性が完全にズレているのです。だから、部下を動かそうとしても、思い通りに動いてくれないのです。

上司の中には、「部下にどのように成長してほしいのか」「組織をどう変えたいのか」といった方向性を持たないまま、惰性で会社に来ているような人がいます。とりあえず、目先の目標だけを遂行するために、部下に場当たり的な指示を出す。そういう上司には、そもそも部下を育てるという発想がないのかもしれません。部下を単なる機械のパーツ程度にしか考えておらず、そのつど、そのつど、部下にしてほしいことを命令する。これでは部下が動いてくれるはずはありません。

また、命令や指示の内容を部下に論理的に説明すれば、それだけで部下が進んでついてきてくれると勘違いしている上司も多いようです。仕事をテキパキとこなし、言っていることも整合性がとれている。だから、部下は納得してついてきてくれるだろうと考えてしまう。そういう上司にかぎって、部下が動いてくれないと「こいつらのやる気がないんだ!」と部下を責めるような考え方をしてしまう。たしかに、論理的に指示を出すことは大切です。しかし、どんなに理屈が立派でも、それだけでは足りません。どんなに仕事のできる上司だからといって、部下が言うことを聞くとは限らないのです。

では、どのような上司であれば、部下のモチベーションを高めることができるのでしょうか。どのような上司であれば、部下は自ら動き出すのでしょうか。

答えは明確です。「あんな人間になりたいな」と部下が共感できるような上司になることです。つまり、「魅力」ある上司にならなければ、部下に動いてもらうことはできないのです。

部下が憧れるような上司になるためには、二つの条件が必要です。一つは、その上司が人間的にすぐれていること。もう一つは、部下の心の充足を満たしてあげられるように努力していることです。

人間的にすぐれている上司とは、前向きに仕事に打ち込み、人生を心から楽しんでいる上司です。また、部下にやさしさを与えられる上司です。日々笑顔を絶やさなかったり、懐が大きかったり、部下に納得のいくような指示を与える。もし部下が納得できなかったら、なぜ納得できないのかを聴いて、心から納得してもらったうえで動いてもらう。こういうリーダーシップが大切になります。間違っても、部下を力で押さえつけたり、理屈だけで負かそうとは思っていません。

部下の心の充足を満たしてあげる上司とは、部下の自己実現を支援してあげるように努力する上司です。生きがいを持ちたいと思っている部下の気持ちと組織の将来を上手くリンクさせてくれる。部下をどうしてあげたいのか、部下の夢を叶えてあげるためには自分がどう行動すればよいかを真剣に考え、組織の方向性と部下の方向性を一致させるように努力します。

この二つの条件を備えることができれば、部下は必ずその上司についていこうと思うものです。そういう上司は、まわりから見てもやはり尊敬されていますし、愛されています。「あれだけ僕らのことを理解してくれる上司なら、間違っていてもいいじゃないか。とにかくついていこう」と思われることが、人を動かすときの一番の魅力になります。

歴史を振り返っても、時代を切り拓いたリーダーというのは、いずれも魅力いっぱいの人物です。しかし、言っていることのすべてが論理的だったわけではありません。坂本龍馬にしても、西郷隆盛にしても、きちんと整合性がとれていたわけではない。それでも、「あの人のためなら死んでもいい」と多くの志士たちが結集し、それが時代を変えていく推進力になったのです。

このようなことからも、部下から好ましいと思われるリーダーとは、魅力あるリーダーなのです。そして、魅力を備えるための有効な方法が、「コミュニケーション技術の向上」と「社員の自立を支援するようなリーダーシップ」にあります。そのための技術を、この本の中に盛り込みました。

2 コミュニケーションが組織を変える……………

忘れられた社内コミュニケーション

講演や研修などで企業を訪れるたびに、痛感させられることがあります。それは、ほとんどの企業でコミュニケーションが軽視されているということです。

ここ数年、ビジネスの世界では人材育成の必要性が叫ばれ、多くの企業で社員の能力を高めるような取り組みがなされています。

社員の創造性を高める研修を積極的に行なったり、能力主義にもとづく評価制度を導入したり、トップダウン型の組織図を見直したり、あるいは情報の共有化を図るためにネットワークを構築したり……。実際、かなりの時間と労力が投入されています。

けれども、ここで誤解が生まれているのです。あたかも、これらの取り組みを必死で行えば、社員は能力を開花させ、社内の情報の流れも良くなって、組織が活性化するような印象すら受けます。

しかし、本当にそうなのでしょうか。たしかに、それぞれの試みは大切ですし、それなりの効果は見込めるでしょう。ですが、肝心のコミュニケーションが満足に行なわれていなければ、どの試みをとっても十分な効果は見込めなくなってしまいます。

これらの試みは、いずれも部下を束として見ています。しかし本当は、束の中には一つひとつ表情があって、その表情の人たちが心からやる気にならないかぎり、組織は変われないのです。そのためには、表情を持ったリーダーが、表情を持った一人ひとりの部下と対話し、部下が何を考えているのか、部下の個性をどうすれば引き出してあげられるのか、それを真剣に考えて行動に移さなければなりません。

ところが残念なことに、日本の企業では、これまでコミュニケーションが軽視されてきました。現在でも同じです。「コミュニケーション能力というものは人から教わるものではなく、自然に身につくもの」という考え方をしている人が実に多いのです。学校でも、コミュニケーションに関する学習やトレーニングが驚くほど軽視されてきました。

学校でも企業でも、あらゆる組織は人の集団です。人の集団である以上、コミュニケーションほど重要なものはありません。情報伝達にしても、意思の疎通にしても、ベースには人と人との心のキャッチボールが存在しているからです。

組織を人体にたとえるなら、コミュニケーションは血液の流れにあたります。いま多くの組織が、血行不足で肩コリに悩まされています。すべてが硬直状態にあり、上手くいかなくなっている。そうした背景から社員の能力開発に力を入れているわけですが、物理的な環境をいくら整えても、肝心の血流を良くしなければ、組織が蘇ることは難しいのです。

職場のコミュニケーションは、単に人間関係を良くするためだけの技術ではありません。コミュニケーションは組織を変えることができる、組織に革命を起こすことができる、私はそう確信しています。

社員の一人ひとりが組織を発展させるためのエネルギーを持っています。それなのに、コミュニケーションが不足しているせいで、組織はそうしたエネルギーを活用することができずにいます。だから、彼らのエネルギーを最大限に吸い上げて、組織のダイナミズムを発揮させなければなりません。それを成し遂げる一番の技術が、コミュニケーションなのです。

上からの情報を流すだけの「情報伝達型のリーダー」ではなく、部下の目標と会社の目標を一致させて、組織のダイナミズムを発揮させる。そういった革命をぜひ起こしていただきたいのです。

そのために、最初にやらなければならないのが、コミュニケーション技術を向上させることです。コミュニケーション技術を高め、魅力ある上司を志す。部下たちの気持ちを理解するように努める。そして組織の方向性を部下たちに伝える。場合によっては、会社の上の人に対しても、リスクをとって自分や部下の考えを主張していく。社内のコミュニケーションを密に取りながら、まわりの人々とズレがないようなリーダーシップをとっていく強さが必要なのです。

若い社員の感性こそ必要

では、部下とのコミュニケーションが活発になると、なぜ組織は変わるのでしょうか。コミュニケーションを活性化することによって、上司と部下の情報交換がスムーズに行なわれるようになります。組織の意向、上司の意向を部下に正確に伝えるとともに、部下の気持ちや考え方を十分に引き出してあげる。それによって、社内の情報共有が促進されます。部下のモチベーションも高まり、積極的に動いてもらえるようになります。その善循環が組織を変えていくのです。

いまの組織に必要とされているのは、社員一人ひとりの「情報」や「知恵」を組織の隅々にまで行き渡らせることです。社内の風通しを良くして、皆で情報や知恵を共有し、どうすれば組織が発展できるかを真剣に模索していくことです。

多くの組織では、過去の成功体験が足かせになっています。「いままでこれで成功したのだから……」という思い込みが、情報の遮断をもたらし、改革の大きな足かせになっています。しかし言うまでもなく、社員のすべてがこうした成功体験にとらわれているわけではありません。方針を決める一部の役職者がこうした考え方にとらわれているとしても、そのかたわらには独創的なアイデアや価値ある情報を持った若い社員が力を出し切れないまま埋もれているのです。

現在のような「不確実性の時代」には、こうした若い社員の知恵を活用することなしに、組織を発展させることは難しいのです。若い社員の柔軟な発想を積極的に吸い上げていかなければ、生き残ることさえ困難なのです。

先ほども述べましたが、こうした情報共有はネットワークの構築などによっても成果を見込めるでしょうが、そればかりに頼るのは問題です。社員一人ひとりから本当に価値ある情報や知恵を引き出すのは、やはり日頃のコミュニケーションに負うところが大きいのです。

ここで考え方を整理するために、小売業のケースを心理学の立場から覗いてみましょう。

近年、モノが売れなくなったと言われます。消費者が何を求めているのか分からないと言われます。もう、理屈でモノを売るのは難しいようです。いまの若者たちはモノを買うときの動機も以前とは違います。欲しいから買う、必要だから買うというより、「感性」

で買うことが多い。自分の感性に合うから、その商品が個性的だから、買い物をしていることが多いのです。

たとえば、現代人は腕時計を平均して三個持っているそうです。もちろん、一個しか持たない人も、一〇個持っている人もいるでしょう。最近はキャンペーンなどで無料で時計がもらえますから、すべてがお金を出して買ったものではないでしょう。しかし、ここで問題になるのは、腕時計を買うときの動機です。腕時計を「時間を知るための道具」として買っている人は全体の三割にすぎないそうです。いまや七割の人が「ファッションの道具」として買っているのです。

デパートや総合スーパーが売上を落としているなかで、元気なお店があります。東急ハンズやロフトのように、個性的な商品を揃えているところです。あのようなお店は「石ころ」や「貝殻」「色の付いたプラスチック」などの素材を売っています。それらを若者は自分らしく部屋に配置して、自分らしさを楽しんでいるのです。ソニープラザや一〇〇円ショップ、無印良品などが元気なのも、個性を演出するための商品が豊富に売られているからです。

もう、人と同じものでは嫌なのです。既製服を買った場合にも、コーディネートで自分らしさを演出しようとします。新しい、個性的な商品をいつでも探し求めています。欲しいものを買いに出かけるのではなく、欲しいものを探しに行く時代です。生活の向上のためにお金を遣う時代から、心の満足のためにお金を遣う時代になったとも言えるのです。

このように、消費する側の心理が大きく変わってきていますから、商品を売る側の企業も販売方法を見直さなければなりません。社内体制も変える必要があるかもしれません。「わがままな消費者」に合わせたサービスと、多様化する消費者ニーズに適った商品を提供しなければならないのです。

そうしたときに力を発揮するのが、若い社員たちです。若い社員たちの新しい感性、柔軟な発想力、無限の創造性といったものが、販売の現場で力を発揮するのです。商品の仕入れを感性豊かな若い店員にまかせるお店が増えているのも、一つの表れでしょう。

これはもちろん、小売業だけの話ではありません。どのような業種であれ、若い社員が従来になかった感性や発想を持ち込み、一生懸命に仕事に打ち込めるような環境をつくることが、これから伸びていく企業に欠かせないのです。

3 部下の才能を潰していないか

社員の創造性を押さえ込むもの

従業員の労働心理を研究したヴァン・ファンジェは、『創造性の開発』という著書の中で次のように述べています。

「人間には、もともと創造性が備わっている。それが十分に開発できないのは、何らかの障害で創造性が押さえ込まれているからだ。その障害を取り除けば、創造性はおのずと発揮される」

誰もが本来持っている「創造性」という力が、私たちの社会に進歩をもたらし、企業が発展するための原動力となっています。そして、一人ひとりの創造性の違いが、その人の「個性」をつくり上げていきます。健全な環境の下では、個性豊かで、創造性に富んだ人間が育っていくというのがファンジェの主張です。

ところが、私がクライアント企業を訪れると、聴こえてくるのは部下に対する不満の声ばかりです。

「衛藤先生、最近の社員は個性がなくなりましたな。困ったことに、言われたことしかできないマニュアル型社員がどんどん増えているんですよ」

ファンジェの言葉を借りれば、いま企業では社員の「創造性」を押さえ込むような何らかの「障害」が発生しているようです。社員の創造性を、何かがむしばんでいるのです。

それは、果たして何なのでしょうか？

ファンジェは、この「障害」について、大きく三つの要因が考えられると言っています。

①権威による圧力
②劣等感
③しらけ

立場が上の人間からの、権威による圧力。

「いいから俺の言う通りにやれよ。地方に飛ばすぞ」

劣等感を植え付けるような評価。

「おまえは本当にダメなやつだな。いつまでたっても、できないじゃないか」

やる気を削ぐような、無責任な発言。

「無駄無駄。いくら頑張ったって、どうせ何も変わらないよ」

そんな言葉が、個性豊かな社員を押さえつけています。

あなたはいかがですか。日頃のコミュニケーションを振り返ってみてください。

部下の個性を認め、それを伸ばしていくような魅力的な上司ですか。それとも、部下を権力で押さえつけたり、劣等感を植え付けたり、やる気を削ぐような発言をしてしまう上司ですか。

部下は、あなたの発言や行動を冷静に見つめています。その評価にもとづいて、あなたとの付き合い方を決めようと考えています。

ある企業の課長さんから、先日こんなことを言われました。

「先生、最近の若い社員は、お酒を飲みに行かないんですね」

どうしてですか、と尋ねると、

「いや、飲みに誘っても、ついてこないんですよ。私たちが若い頃は、いつも上司と飲みに行っていたものですがねえ」

とおっしゃいます。その課長さんは、たまには若い部下の考え方を理解しようと思い、何人かの部下に声をかけたそうです。しかし、彼らから返ってきたのは「今日は忙しいので……」という返事ばかりでした。

「これも景気が悪いせいですかねえ」

などと嘆いていましたが、私は、そうではないと思います。その若い社員だって、お酒を飲まないわけではないでしょう。気の合った同僚や先輩たちと楽しくお酒を飲んでいるのです。ですから、もし彼らが課長さんを慕っていれば、一緒にお酒を飲みに行くでしょうし、自分たちの考え方を進んで話そうとするに違いありません。

日頃のリーダーシップが、こういった何気ない場面で評価されているのです。

教育とは個性を引き出すこと

自然界を見てください。花には、バラがあり、チューリップがあり、ユリがあり、ひまわりがあり、数えきれないくらい多くの種類があります。

同じバラの花でも、茎の長さ、花びらの大きさ、そして色もさまざまです。どれ一つ、他と同じ花は存在していません。さまざまな形や色の花があるからこそ、花畑を見て美しいと思いますし、季節の変化を感じることができます。種類がさまざまだからこそ、害虫や気候の変化に負けずに生き残っていく花があるのです。

これは花にかぎらず、動物や昆虫についても言えることです。自然の強さはバリエーションです。それぞれの生き物が、それぞれ個性的に生きているからこそ、素晴らしいのです。これが、自然本来の姿です。

それでは、私たちの人間社会はどうでしょうか。一人ひとりが個性を発揮していけるような社会でしょうか。

学校では、生徒の個性が活き活きと発揮されているでしょうか。反発している生徒がいるとしたら、何に反発しているのでしょうか。

企業はどうでしょう。色違いの花、形の異なる花が、魅力的に咲いているでしょうか。黄色い花びらを、無理やりに赤く染めるような教育をしてはいないでしょうか。

教育のことを、英語でエデュケーション（Education）と言います。エデュケーションの語源は「引き出す」ということです。教育とは本来、「その人の良い部分を引き出し、伸ばすこと」なのです。

ところが現在の教育は、ワクにはめて、同じ人間をつくろうとします。これは、学校にも企業にも言えることです。

「わが社の社員は、このような価値観を持たねばならない」

「上司の言うことに、部下は口をはさまず従わなければならない」

そんな暗黙の了解が、企業風土に根付いてしまっている会社は多いのです。

たしかに、画一的な社員を育てるような教育が疑問視されはじめています。鋳型にはめるような教育を徐々に改善していこうという動きはあります。しかし、長い年月をかけて染み付いた企業風土を改善することは、なかなか難しいようです。

あなたの部下は、能力を発揮していますか？

あなたの部下は、個性を輝かせていますか？

彼らの顔を思い出してみてください。

笑顔ですか。悩んでいますか。楽しそうですか。それとも、表情がありませんか。

私たちは、部下に何を理解してもらいたいのでしょうか。部下にどのように育ってほしいのでしょうか。そのために、上司としてできることは何でしょうか。

心理学者のアブラハム・マズローは、次のように述べています。

「人はそれぞれ、独自の精神性を持っていて、この精神的な個性を見つけ、掘り下げていくことによって、その人本来の能力が高まり、役割が明確になっていく。この個性が認められなかったり、抑えられたりすると（精神的にも、肉体的にも）病気になっていく」

上司にとって重要なのは、部下の「やる気」や「創造性」を引き出すことです。それは、決して押し付けたり、与えたりするものではありません。人は、自分の創造性を発揮したいという欲求を、つねに持っているものです。そして誰もが、成長したいという意欲と、成長していく可能性を秘めているのです。

部下は育てたようにしか育たない

リーダーシップを見直すために、ここで二つのメッセージを頭に刻んでください。

「部下は育てたようにしか育たない」

「部下は感情を持たないロボットではなく、一人ひとりが感情を持った人間である」

この二つのメッセージを受け止めることが大切です。

人間の性格や考え方は、生活してきた環境に大きく影響を受けます。これは、私自身が行なってきたカウンセリングの事例からもはっきりと言えることです。

子供の性格は、親の育て方によって大きく左右されます。小さい頃に十分な愛情を与えられなかった子供は、他人に対して愛情を表現することが苦手になります。また、妻から笑顔がなくなったと相談に来られるご主人も、カウンセリングを通して、自分の日頃の接し方に問題があったことに気づかれます。

これは家庭だけでなく、組織においても同じです。部下の考え方や行動は、職場の環境に大きく影響を受けています。あなたの下で働いている部下の態度は、過去にあなたがどのように接してきたかで、大きく変わるのです。

もしあなたが、部下が思うように動かなかったり育たないと思うのなら、このように自問自答してみてください。

「私は部下に心から信頼されているのだろうか？　信頼されるような関係を、果たしてつくってきたのか？」

部下を育てるためには、育てるためのコミュニケーションや人間関係が前提です。あなたがどれだけ仕事ができても、日頃の人間関係が満足のいくものでなければ、部下に快く動いてもらったり、部下の能力を伸ばしていくことはできません。

人間は感情で動く動物です。「感動」という言葉はあっても、「理動」という言葉はありません。組織というものはいずれも人間の集まりで、そこで働く人たちは理詰めでは動かないのです。

機嫌が良ければ仕事の効率は上がるし、機嫌が悪ければ下がります。好きな上司からの期待には全力で応えようとしますし、嫌いな上司からの指示はできるだけ避けたいと思います。人はそれぞれが感情を持っており、その感情が行動を決めているのです。

上司には、人間心理を踏まえたリーダーシップが必要です。とくに現代は、心の豊かさが求められる時代です。社員は仕事を通して「認められたい」「自分の個性を発揮したい」という意識を強く持つようになっています。

ですから、彼らのこのような思いを理解し、それを実現させるようなリーダーシップを発揮しなければならないのです。

ところが、私が企業の研修などでこのような話をすると、管理職の方々から異論を唱えられることがあります。

「先生は話を聴けと言われますが、部下の未熟な話を聴いていたら、奴らの指導はどうなるんですか?」

「でも、私たち上司の言っていることのほうが論理的でしょう?」

「私は社会人としての経験を踏まえて発言しているんですよ」

たしかにその指摘は正しいかもしれません。ただ、彼らには彼らの視点があるし、発想があります。それを、上司の価値観を一方的に押しつけて、問答無用とばかりに摘み取ってしまうことから、大きな問題が生じるのです。

若い人たちの考え方は、未熟かもしれません。けれども、まずは、彼らを理解することから始めてください。彼らの話を聴き、理解しようと努めなければ、部下がどれくらい未熟なのか、どういった知識が足りないのかも分かりません。部下の本当の思いが理解できなければ、正しいアドバイスもできないのです。

また、安易に自分の意見を「正しい」と言い切ってしまう上司の価値観にも問題があります。果たして本当に、上司の考え方が正しいと言い切れるのでしょうか。部下の話をきちんと聴かなかったために、誤解しているだけかもしれません。あるいは、知らず知らずのうちに、「ことなかれ主義」や「会社なんて変わらないさ」といった諦めの気持ちがあなたの心に忍び込んでいて、それを踏まえた発言をしているのかもしれません。

ですから、相手の意見を否定するより先に、あなた自身の考え方や価値観を確認してみることも必要なのです。

4 権力から魅力へのリーダーシップ

権力が上司自身をダメにする

上司のリーダーシップが「権力」から「魅力」へとシフトしてきたことは、これまでの話でご理解いただけたと思います。ここでは第1章の締めくくりとして、権力型のリーダーシップが具体的にどのような弊害をもたらすかについて、簡単に整理しておきます。

【権力が上司にもたらす弊害】

- 組織内の人間関係が損なわれ、上司が孤立してしまう
- 正しい情報が入らなくなるため、誤った意思決定をしてしまう
- 部下の監視や指示に、上司の時間や労力が奪われてしまう
- ストレスによって、上司の心身に悪い影響を与えてしまう

権力を振りかざすことで、部下はあなたに従うかもしれません。しかし、その反動であなた自身が失うものも多いのです。

「いいから俺の言った通りに動け！」

そんな頭ごなしのメッセージを押しつけられた部下は、どう感じるでしょうか。自分の立場や言い分を考慮してもらえないため、上司への不信感を募らせていきます。

上司にもその部下の感情は伝わります。権力を使った反動で部下に不信感を持たれているかもしれないと、不安を抱きはじめます。そうなると、部下が楽しそうに話をしていても、「俺の悪口を言っているんじゃないか」といった猜疑心が芽生えはじめます。それでも部下に仕事を頼まなければなりませんから、さらに強い権力で部下を縛りつける。そして、部下の不満はいっそう強まっていく。

これが、権力型リーダーシップが人間関係にもたらす悪循環の典型です。

また、権力型リーダーのまわりには、リーダーに都合の悪いことを言わない社員が増えます。そのため、正しい情報や率直な意見が入らなくなりますから、現状認識ができず、意思決定を誤らせることにもなります。

さらに、力で従わせようとする上司ほど、「俺の見ていないところで手を抜いていないか」といつも部下の行動を気にかけるようになります。

命令によって部下を強制的に働かせようとすると、上司が見ているところではまじめに働くが、見ていないところでは手を抜くようになる。これは、権威的なリーダーと部下に対する心理実験でも明らかになったところです。

上司も、自分が見ていないと部下の作業効率が落ちてしまうことが無意識に分かりますから、つねに怖い顔をして、監視役を果たそうとします。これが、上司の貴重な時間と労力を奪っていくのです。

このような弊害がもたらす精神的なストレスによって、胃潰瘍や高血圧、さらには、うつ病やアルコール依存症などにおちいる人も少なくありません。そして、このような上司にかぎって、同じことをおっしゃいます。「私は被害者だ。部下のせいで、こんなに辛い思いをしている」と。

たしかに、上司というのは苦しい立場です。部下が動いてくれなくても、目の前の仕事をやり遂げるためには部下に動いてもらわなければ困る。だから、権力の弊害がある程度分かっていても、つい部下に権力を行使してしまう。こういう上司が、とても多いのです。

権力が部下のやる気を奪う

権力型リーダーシップは、もちろん部下に対しても深刻な影響を及ぼします。ひいては組織全体に悪い影響を与えることになります。

【権力が部下にもたらす弊害】

- 言われたことしかできない「マニュアル型社員」が増える
- 上司への恐怖心から、自由な発言が少なくなり、職場の活気がなくなる
- 本心を言わなくなったり、上司に相談しなくなる
- 「間違ったら注意してもらえる」などの甘えの気持ちを持つ
- 上司への陰口が多くなる
- 精神的なストレスから、病気がちになったり、休みがちになる

権力をふるい、部下を叱り飛ばす。ところが、「できない＝叱り飛ばす」ということが続くと、「叱られなかったのだから大丈夫だろう」という心理が働くようになります。叱り飛ばさないと行動を改めなくなったり、「怒られそうなことはやめておこう」という消極的な意識を持ちはじめてしまいます。

実際、私が企業を訪れると、このようなケースを目の当たりにします。私はそのたびに、「権力で部下を従わせる時代は終わりなのに……」と思うのです。

それぞれ異なった価値観を持つ部下に自ら動いてもらうためには、「あんな上司みたいになりたいな」「あんな上司のような生き方をしたいな」と部下がその上司の魅力や生き方にひかれてついていくようなリーダーシップが必要です。

つまり、「上司の権力によって、部下を従わせるリーダーシップ」から「上司の魅力によって、部下をひきつけるリーダーシップ」への転換が、いま求められているのです。

第2章

「聴き方」の心理学

——部下の心を理解し、能力を引き出す

第1章 **どうすれば部下は動くのか**
権力から魅力へのリーダーシップ

第2章 **「聴き方」の心理学**
部下の心を理解し、能力を引き出す

第3章 **「伝え方」の心理学**
部下が自ら動き出す自己主張の技術

第4章 **「問題解決」の心理学**
意見の対立からベストアンサーを導く

第5章 **「価値観」の心理学**
部下に組織の価値観と常識を指導する

第6章 **勇気と行動がオフィスを変える**
明日から始める魅力型リーダーシップ

【非指示的な聴き方】

この章では、部下の隠れた心を理解し、潜在能力を引き出すための「聴き方」をマスターします。相談者がカウンセラーに話しはじめると、なぜか隠したいことまで話し出す。それにはちょっとした心理的なコツがあるのです。

職場でよく耳にする助言や忠告などのアドバイスは、部下が自分自身で問題に取り組み、それを解決していく機会を奪うことになります。ですから、部下が問題を解決しながら成長していけるように「支援」する聴き方が求められているのです。

それが「非指示的な聴き方」です。具体的には「アクティブリスニング」「パッシブリスニング」というC・ロジャース博士の2つのアプローチを組み合わせて使う、効果的なテクニックです。

この章では、部下とのコミュニケーションを円滑にし、部下の能力を引き出すための「聴き方」について述べていきます。

部下を育てるのが上手いリーダーは、部下を育てるための聴き方を実践しています。それは、部下が悩みを抱えているとき、部下の悩みを解決しようとするのではなく、部下が自分で問題を解決できるように支援するような聴き方を実践しているということです。

このような聴き方を身につけるために、主に次の三点について説明していきます。

- 部下が悩んでいるときの対応がいかに重要か
- 問題の「解決者」ではなく、部下の「支援者」としての役割を担う
- 部下の能力を引き出すための「非指示的な聴き方」を身につける

「非指示的な聴き方」は「アクティブリスニング」と「パッシブリスニング」の二つのカウンセリング手法を組み合わせて使います。部下の気持ちを理解し、能力を引き出すための効果的な手法ですので、ぜひ身につけてください。

1 悩んでいる部下にどう接するか

まず最初に、一つ確認していただきたいことがあります。それは、部下が悩んでいるときの、日頃のあなたの接し方についてです。

部下が、お客様とトラブルを起こしたり、営業成績が上がらず自信を失っていたり、同僚との人間関係で悩みを抱えているとします。あなたなら、この部下にどう接するでしょうか。

企業の管理職研修などでこのような質問を投げかけると、大きく二つの答えが返ってきます。一つは「無関心な対応」、もう一つは「過剰な関わり」です。

上司の無関心は嫌われる

ここで言う「無関心な対応」とは、部下から相談を受けたときに、悩みの深刻さを受け止めず、きちんと話を聴こうとしないような対応のことです。

たとえば、部下の話を片手間で聴いていたり、話の途中で腰を折るようなことを言ってしまう。あるいは、「もう分かったから、仕事に戻れ」「そんなこと、どうでもいいじゃないか」などと、相手を軽んじるような発言をしてしまう対応もこれにあたります。

仕事に追われていたり、自分自身が大きな課題に直面しているときなど、ついついこのように接しがちです。本当は関心があるのかもしれません。しかし、そのような対応をされた部下にしてみれば、適当にあしらわれたと感じてしまいます。

この「無関心な対応」はさまざまな問題をもたらします。

部下は、せっかく勇気を出して相談したのに、悩みを解決するきっかけがつかめなかったのです。そのため、相変わらず問題を抱えたまま仕事に取り組むことになります。仕事の効率は落ちるでしょうし、悩みや問題が悪化し、取り返しのつかない事態に発展してしまうこともあるでしょう。

このような対応がくり返されると、部下は、「なぜ自分の気持ちを理解してくれないのか」と上司に対して不信感を抱きます。その結果、仕事に積極的にならなかったり、上司の足を引っ張るような行為に出ることもあります。

毎回このような対応しかできない上司は、そもそも上司として失格ですから、実際にはほとんどの方が、部下からの相談をきちんと聴こうと心がけているようです。

実は、この「無関心な対応」において注意が必要なのは、「部下が悩みを相談してきたときに話を聴かないこと」よりも、「部下が悩みを抱いているにもかかわらず、それに気づいてあげられないこと」なのです。

人は悩みを抱いていても、それを人には打ち明けづらいものです。とくに、信頼関係が結ばれていない間柄だったり、悩みを打ち明けることで自分の評価が下がるかもしれないと思うようなときは、この傾向が強いのです。

これに対して、私たち心理カウンセラーは、このような悩みを抱いている人からの微妙なシグナルを感じ取ります。主な悩みのシグナルを紹介しましょう。

- 話をしているときに目を合わせようとしない
- 二人きりになるのを避けるようになる
- 二人きりになると、話をしなくなったり、口が重くなる
- ため息が多い
- 一点を見つめてボーッとしている
- 会議や打ち合わせで発言が少なくなった

自分の悩みを隠したい、悩みから目を背けたい、どのように対処してよいか分からない、などの心理状態がこのような態度として現れるのです。

こういったシグナルを感じ取れない、あるいは、感じ取ってはいても放っておくような場合も、それによってもたらされる弊害を考えれば、「無関心な対応」と言わざるを得ないのです。

大切なのは、部下の変化に気づき、「気になっているよ」「心配しているよ」という気持ちを伝えてあげることです。

「最近、ため息が多いように思えるんだ。君がよかったらいつでも相談に乗るよ」

「口数が少ないようだけど、何か言いにくいことがあるんじゃないかと、少し心配しているんだ」

などの、きっかけづくりのアプローチをすることが大切なのです。

ただし、アプローチをするときの言い方にも注意しなければなりません。相手に行動を強要するような言い方では逆効果になるからです。

「最近、口数が減ってきたな」

「ため息ばかり吐くんじゃないよ」

「相談しに来いよ」

これらの言い方は、部下の気持ちを閉ざしたり、上司に対する反発心をまねく恐れがあります。

自分の気持ちを伝えるための技術については、第3章で詳しく述べます。

なぜ過剰に関わるとダメなのか

「無関心な対応」が良くないことは、多くのリーダーが知っています。それゆえに、こうしたリーダーがおちいりやすいのが「過剰な関わり」です。

たとえば、仕事を辞めたいと相談を持ちかけてきた部下への対応を考えてみましょう。

「あのー、○○さん。実は僕、仕事に自信をなくしてしまって、この会社を辞めようと思っているんです……」

このような相談に対して上司がおちいりやすい、間違った過剰な関わりをあげてみましょう。

①質問型の過剰な関わり

「何があったんだ?」「いつからそんなことを考えてたんだ?」「辞めたい理由は何だ?」「お客様とトラブルでもあったのか?」など、部下が「辞めたい」と発言した理由や原因を矢継ぎ早に質問してしまう関わり方です。

②助言型の過剰な関わり

「そうか、でも焦るな。あと半年頑張ってみないか」「君の悩みなど、後で考えればとるに足りないものだよ」「君にとって必要なのは、いまこの仕事を頑張ることだよ」など、どうしたら悩みが解決できるかを相手に忠告するような関わり方です。

③説教型の過剰な関わり

「仕事はそんな甘いもんじゃないぞ！」「何を考えてるんだ、まず頭を冷やせ！」のような、相手の考えや行動を押さえつけようとする関わり方です。

④同意型の過剰な関わり

「たしかにこんな会社じゃ辞めたくなるよ」「そうそう、私もこの組織には問題があると思っていたんだ」など、相手の考えに賛同したり同情する関わり方です。

⑤ごまかし型の過剰な関わり

「まあ、いまの話は聴かなかったことにしよう」「時間がたてば気も変わるさ」「まあ、とりあえず飲みにでも行くか」など、相手の気を紛らわせたり冗談を言ったりする関わり方です。

人は話を聴くときに、このような対応のクセを無意識に出してしまいます。とくに、目下の人に接するときや相談を受けようとするときには、この傾向が強いようです。上司自身の考えや経験をもとに忠告したり、部下に代わって上司が問題を解決するために質問をしたりという「対応のクセ」を強く出してしまうのです。

「部下の問題を解決するために、何か救いの手を差し伸べてあげたい」という気持ちは素晴らしいものです。けれども、その気持ちを言葉や態度で表現したときに、実は、大きな過ちを犯してしまうことが少なくありません。

結論から言えば、部下が悩んでいるときの「過剰な関わり」は、部下の悩みを解決するどころか、逆に部下の心を閉ざしてしまったり、理解してもらえないことによる不快な気持ちを引き起こすことが多いのです。

そして、部下の能力を伸ばすどころか、部下の成長を止めてしまい、時には部下のやる気を削いでしまう危険性を持っているのです。

2 解決者ではなく「支援者」になる

そのとき部下はどう感じているか

さきほど、「過剰な関わり」の五つのパターンを取り上げましたが、それぞれについてどのような問題が生まれるのかを、具体的に見ていきましょう。

①質問型の過剰な関わり

「辞めたいんですが……」と相談に来た部下に対して、「いつからそんなことを考えてたんだ?」「辞めたい理由は何だ?」など、相手に詰め寄るように質問を浴びせる。

すると部下は、「上司から探りを入れられている」「尋問されている」と感じてしまいます。そうなると、「見られたくないところまで探り出されてしまう」という思いを抱き、本音の意見を言いにくくなってしまうのです。

また、自分が答えた内容に対して「批判されたり説得されるのではないか」という恐怖心も起こってくるため、嘘をつく、自分に都合よく話を脚色する……といった反応をすることがあります。

②助言型の過剰な関わり

「そうか、でも焦るな。あと半年頑張ってみないか」「君の悩みなど、後で考えればとるに足りないことだよ」のように、上司の立場からすぐに解決策を出してしまう。

このように対応された部下は、「君はまだ未熟だから分からないだろうが、君より経験を積んでいる私なら、君の問題を解決できるよ」などと言われているように感じることがあります。

また、部下が自分で問題に取り組み、解決策を考え出す機会を奪ってしまうという弊害もあります。相手の問題に対して安易に答えを与えてしまうということは、「真剣に自分を問い直す」という権利や「問題解決のために試行錯誤する」という行為を相手から奪うことでもあるのです。

③説教型の過剰な関わり

「仕事はそんな甘いものじゃないぞ!」のように、相手の考えを押さえつけてしまう。

これは、部下との関係に強い緊張感をつくり出します。自分の考えに否定的な判断を下された部下は、プライドを傷つけられたり、心を閉ざそうとすることがあります。

「私の言いたいことを理解しようともせず、一方的に批判するな」などの思いから、上司とのコミュニケーションを避けるようになったり、上司に対する反抗心を持つことも多いのです。

④同意型の過剰な関わり

同意してあげることで、相手をラクにしてあげよう、相手の悩みを解消してあげようとする関わり方です。

このように対応された部下は、「何か下心があるのではないか」という疑いの気持ちを持つようになったり、「そんな簡単に自分の悩みが理解されてたまるか」「自分のことを軽く見られた」などの思いから、反発心を招きやすくなります。

また、相談に来るたびに同意していると、部下はあなたを頼る気持ちを強め、「いつも同意されていないと不満に感じる」などの甘えの感情をもたらすこともあります。

⑤ごまかし型の過剰な関わり

部下の悩みにどう対処してよいか分からず、ごまかしてしまったり、酒の力を借りて相手の悩みを解消させようとする関わり方です。

こうした対応によって、部下はあなたを軽蔑するかもしれません。「この人は、困ったことが起きると、すぐにごまかそうとする」という思いを持つからです。また、「どうせ深刻な話を持ちかけても真剣に聴いてくれず、適当にはぐらかされて終わりだろう」というあきらめの感情を持つこともあります。

部下に答えを与えてはいけない

上司は部下が悩んでいるとき、ついこういった関わり方をして「部下を思い通りに動かそう」とか「部下を助けてあげよう」と考えてしまいます。

あなたは、部下に答えを与えるのが優秀な上司だと思っていませんか？

もしそうなら、ちょっと考えてみてください。あなたの、部下に対するメッセージの背後には、次のような思いが存在していませんか？

「部下の問題解決能力は、まだまだ未熟」

「部下は、私の助言や指示に従っていれば安心」

そんなメッセージを受け取った部下は、ますます自信を失います。部下自身もメッセージの背後にある思いに気づきますから、あなたに相談しなくなっていきます。

また、部下が話をしているときに「解決策を示してあげなければ……」と思いながら対応していると、「話を聴く」という行為は「部下の問題を解決する手段」になってしまいます。

「どのような助言が最適か」を考えながら話を聴きはじめると、解決に必要な情報しか耳に入らなくなったり、解決には役立たないと思った事柄については、部下に違う話をするように要求してしまうことがあるのです。

自分の考えに合う話だけを聴き出し、それ以外のことは積極的に聴こうとしない。そして、自分の先入観や考えにもとづく助言の言葉が思い浮かぶと、相手が話の途中でも口をはさみたくなる。これでは、相手の気持ちを汲みとることはできません。

相手の言いたいことがよく理解できていないのに、自分の勝手な思い込みで「こうすべきだよ」と助言してしまう。自分は頭が良いと思っている人ほど、相手の思いを汲むことなく、自分の意見を一方的にアピールしたがる傾向にあるようです。

しかし、そのような意見が、本当に部下の求めていた答えと言えるでしょうか。その助言は、部下の抱える問題を本当に解決できるものでしょうか？

その人が抱える問題の本質を理解できていなければ、どんなに素晴らしいと思える助言をしても、残念ながら、それは意味のないものになってしまいます。

悩むときに人は成長する

カウンセリングにおける基本的な心構えは、「悩み」を敵対視しないということです。

あなたは、他人の「悩み」をどのように捉えていますか。相手が悩んでいるとき、相手の悩みや問題を敵対視して、「悩みをやっつけてやろう」「問題を解決してやろう」と思っていないでしょうか。あるいは、相談者の心を少しでもラクにしてあげられるような解決策を示してあげようと思ってはいないでしょうか。

ここに、悩みに対する大きな誤解があります。

そもそも人間は悩むものです。悩むということは、その人にとって自分を見つめ直し成長するキッカケになるのです。

「悩みというものは、人生の宿題帳のようなものだ」

と思います。人が悩みを抱くということは、その人に解決する能力があるのだと信じているからです。その人に解決できない問題では、人は悩まないのです。

「カウンセラーが良かれと思って助言をしてしまうことは、その人の宿題を奪うようなものだから、絶対してはいけない」と、私はカウンセラー養成で教えています。

安易に与えてしまう解決策は、「依存性」「甘える気持ち」を植え付けるばかりでなく、「悩んでいる人の成長の機会を奪ってしまう」ということです。

人間は、調子が良いときには深く考えようとしません。何か問題が起こったり、壁にぶつかったときに、自分をどのように変えていけばよいかを、真剣に考えようとするものです。

仕事も人間関係も順調だと思っているとき、誰かから「あなたの行動は自己中心的ですね」と言われても、それを真剣に受け止め、直していこうとは思わないでしょう。

ところが、人間関係に亀裂が生じたような場合は別です。たとえば、ある人が職場の女性スタッフ全員から好かれていないことが分かったとき、誰かから「あなたの行動は自己中心的ですね」と言われれば、その意見について真剣に考え、何とか直していこうと考えるはずです。

部下が困難に直面したり、悩んでいる状況は、彼が自分自身の問題を自覚し、自分を見つめ直す成長の機会となるのです。まず、この点を理解することが大切です。

感じ方の世界は人それぞれ

もう一つ理解していただきたいのは、「感じ方の世界は人それぞれ」ということです。

たとえば、職場の女性スタッフが近くで雑談しているとします。これに対して、うるさくて仕事に集中できないと悩む人もいれば、まったく気にならない人もいます。また、社長の念頭の挨拶を聴いて「感動した、よし頑張るぞ」と思う社員もいれば、「相変わらずの挨拶だな」と冷めたことを言う社員もいます。そんな社員の態度を見た上司の感じ方もさまざまです。

あなたは、自分の感じ方が一番正しいと思っていませんか？

「なぜ部下は、自分と同じような問題意識を持たないのだろうか」

「なぜ皆は、自分と同じように仕事のレベルを高めようとしないのだろう」

そんなことを日々考えてはいないでしょうか？

私たちは、ある事柄に対して「これはこのようなもの」と自分なりに勝手に解釈してしまう傾向にあります。その解釈を正しいものと思い込み、他人にもその解釈を知らず知らずに強要したり、他人も自分と同じような解釈をしているはずと勝手に思い込んでいるのです。

そして、「自分と相手の感じ方が違う」場面に遭遇すると、「質問」「助言」「説教」などの対応をしたがるのです。

しかし、あなたが考えていることと、部下の考えていることは同一ではありません。コミュニケーションの問題を考えていくうえで、これはとても大切な前提です。

先の「間違った過剰な関わり」の例で言えば、部下は「仕事を辞めたい」と言っています。しかし、あなたは、部下が「辞めたい」と発言した裏側にある感情や真意を、実は完全に理解することはできません。もしかすると、部下は、辞めたいくらい淋しいのかもしれないし、辞めたくなるような何らかの怒りを感じているのかもしれないのです。

相手の思いを確かめる

「思いの世界」は人それぞれです。他人の「思いの世界」は目に見えませんから、なかなか分かりづらい。だからこそ、部下の思いを理解しようとするなら、部下の立場に立って、部下の「思いの世界」を理解しようと努めなければなりません。つまり、部下の気持ちを汲むように努力することが大切です。

「カウンセリングの聴き方は、単純にくり返せばいい」と考えている人が多いのですが、実はそうではありません。

部下がどのように感じているのか、部下の言葉や態度から受け取った自分の認識が正しいかどうか、それを「確認する」ことが必要なのです。

部下は「辞めたい」と言っているわけですから、まずは「ああ、部下の○○君は辞めたいんだなあ」という気持ちをもって聴く。そのうえで、

「君は、辞めたいと思ってしまうほど、思い悩むことがあるんだね（私はそのように受け取ったけど、それでいいかな）」

と、自分の受け取った認識を、相手に確認することが必要なのです。

「相手の話を受け取り、その話から受け取った自分の認識が正しいかどうかを確認する」

これが「非指示的な聴き方」と言われる聴き方の技術です。これは先ほど述べたような、

「相手の問題を、自分が解決してやろうと思いながら聴く」こととはまったく異なる聴き方です。

部下が悩んでいるとき、上司は無関心者でもなく、解決者でもありません。上司は、部下が悩みを自分で解決できるように支援してあげる「援助者」なのです。

そのために、まず、部下の悩みを共感をもって理解することが必要になりますし、部下が話しやすくなるような雰囲気をつくり、部下が自らの力で課題を解決できるような聴き方をすることが必要なのです。

3 「アクティブリスニング」の技術

アクティブリスニングとは何か

これから紹介するのは、カウンセリングの父と言われるカール・ロジャース博士が提唱した、「非指示的な聴き方」という手法です。

この聴き方には二つのアプローチがあります。一つは、心を汲みながら、相手の話を鏡のように告げ返していく「アクティブリスニング」。もう一つは、真剣に話を聴いていることを相手に示す「パッシブリスニング」です。

【アクティブリスニング】
・心を汲みながら、相手の話を鏡のように告げ返していく技術

【パッシブリスニング】
・真剣に話を聴いていることを相手に示す技術

まず初めに「アクティブリスニング（能動的な聴き方）」について、事例を交えながら述べていきます。

「助言型の過剰な関わり」にはまり込んだ、こんな会話があったとします。

「○○リーダー、実は私、仕事に行き詰まっているんです」

「そうか、行き詰まったらまず冷静になって、自分の置かれている状況を把握することだよ」

「はあ、でも…、その…」

「まあ、君はまだ若いから、どんどん悩んだほうがいいよ」

日常よく耳にする、上司と部下の会話です。こうした聴き方では、部下は自分の言いたいことが押さえ込まれ、心の中に不満や悩みをため込むことになります。

これに対して、アクティブリスニングを使った場合はどうでしょうか。上司と部下の会話はこんなふうになります。

「実は私、最近どうも仕事が上手くいかなくて」

「君は何か仕事に行き詰まりを感じているようだね」

「そうなんです。最近、営業成績がどうも伸びなくて……」

「営業成績が伸びないことが、行き詰まりの原因なんだね」

「そ、そうなんですよ。実は最近、こんなことがあったんです」

このような感じです。部下は、上司が自分の話を理解しようと努めていることが分かり、安心して自分の言いたいことを主張できると感じます。

部下の主張や言い分をしっかり理解するためには、まず、部下が話しやすい環境をつくることが必要になるわけです。

このような例をあげると、「なんだ、くり返しているだけじゃないか」と言われる方もいらっしゃいますが、単なるくり返しと取られると、誤解があります。

さきほども言いましたが、アクティブリスニングというのは、

「あなたのおっしゃっていることについて、私はこのように受け取りましたが、間違いないですか?」

という確認や整理の作業なのです。

仕事中に部下が「くそっ、最初の見積りでいいと言ったじゃないか!」と怒りながら電話を切ったとします。それを見て、「あっ、怒ってるな」と気づきます。アクティブリスニングでは相手の気持ちをフィードバックしますから、次のようになります。

「君は、先方との見積りの折り合いが上手くつかず、腹を立てているようだね」

もし部下が本当に腹を立てているのなら、

「そうなんですよ、聞いてくださいよ」

となるでしょう。でも、もし少し違うのなら、

「いや、怒っているというより、悲しいんですよ。だって、先方の立場を考えて、日程や金額を調整して出した見積りなんですから」

と部下は答えます。そして、

「なるほど、怒っているんじゃなくて、君は先方のことを考えて頑張ってつくった見積りが受け入れられず、悲しくなったんだね」

と返してあげる。そうすると部下は、あなたが気持ちを理解しようとしてくれていることが分かりますから、

「いやー僕はですね、お客様に喜んでいただける見積りをつくったつもりなんです。それが当社の信用にもつながると思って……」

と、部下の本当の思いを引き出す話へとつながっていくわけです。

ところが私たちがやってしまうのは、部下が怒って電話を切ったときに、「何だその言い方は！　お客様に腹を立てるなんて、いかんじゃないか」と言ってしまう。部下の思いも分からずに……。部下は思います。「ああ、この人は、どんな事情があったのかさえ分

からず、私をすぐに批判するような人なのだ」と。

この部下は、上司に対して不信感を抱くとともに、お客様に対する感情的な発言を冷静に整理する機会が奪われてしまったのです。彼はおそらく、お客様への不満に加え、上司への不信感で、しばらく仕事が手につかないことでしょう。

「聴く」ことと「認める」ことは違う

さて、アクティブリスニングを使ううえでとくに注意したいことがあります。それは、アクティブリスニングは単なる「同意」ではないということです。「聴く」ことは「賛同する」ことと同じではありません。

私がクライアント企業でアクティブリスニングの話をすると、「先生、そんなこと言ってもですね、間違った部下の意見をいちいち聴いてやったら、あいつらつけあがりますよ」と言う方がいます。しかし、それは「聴き方」が間違っているのです。

「ああ、そうだね、君の言っている通りだね」

「そうそう、君の言いたいことはよく分かるよ」

このような対応を「同意」と言います。「君と意見が同じだよ」と、上司が部下の考え方に賛同するような言い方です。

しかし、アクティブリスニングはそうではありません。

「なるほど、君はそのとき、そう思ったわけだね」

「君はそう感じたんだね」

と、相手の言ったことや感情をフィードバックしていくのです。

ここで考え方を整理するため、「説教型の対応」と「同意型の対応」、そして「アクティブリスニング」について比較してみましょう。

たとえば部下が、グチをこぼしたとします。

「どうしてあの新人は、一度教えたことを理解できないんだ！」

これに対して、

「おまえ何を言っているんだ、新人なんだから大目に見ろよ。おまえだって五〇歩一〇〇歩じゃないか」

と、こんな対応をする。これは相手の考えを否定するような「説教型の対応」です。常識論で相手の感情を頭から押さえつけた言い方になっています。否定的なメッセージを受け取った部下は「私の言いたいことを理解しようともせず、一方的に批判するな」と思うでしょう。

一方、

「いまの新人は頭が固いんだよ、分かる分かる」

これが「同意型の対応」です。「私も君と同じ意見だよ」ということを相手に伝えています。こうしたメッセージを受け取った部下は、「やっぱり私の判断は正しいんだ」という思い込みを持ってしまうかもしれません。

これらに対して、アクティブリスニングではこうなります。

「新人に何度も同じことを聞かれるのが不満なので、一度で理解してもらいたいんだね」

これは、相手の思いや感情を理解し、伝え返す対応です。これを「共感的な理解」と言うこともあります。相手の立場に立って共感的に理解する。「自分の思いを理解してくれた」と感じた部下は、おそらくこんなことを言ってくるでしょう。

「そうなんですよ。いや、僕だって教育ですから、気を長くしなきゃいけないとは思っているんですけど、忙しいとこちらも余裕がなくて……つい興奮するんですよね」

このときに、彼なりの反省が生まれますし、気づきが起こるのです。これがアクティブリスニングの大きな効果の一つと言えます。

営業がスランプになる理由

実は、アクティブリスニングの効果が発揮されるのは、上司と部下の関係だけではありません。たとえば、営業の現場においても大きな効果を期待できます。

営業マンが、お客様のところに自社の商品を売り込みに行ったとします。ところがお客様からは「いまは不景気だから、その商品は使わなくなっているんだ。持って帰ってくれ」と言われてしまいました。

こんなとき、売れる営業マンは次のように話を進めることができます。

「なるほど、景気が悪いためにこの商品は使わなくなり、購入しがたいというわけですね」

「そうなんだ、まあ強いて言えばこういう商品なら欲しいけどね」

「今後そのような商品があれば、ご購入は考えていただけるというわけですね。ありがとうございます」

このような営業マンは売れるのです。なぜなら、お客様の気持ちを大切にしていることが、お客様にも伝わるからです。

一方、売れない営業マンは、お客様の話を聴かずに、自分の都合で商品の素晴らしさを一方的にまくしたてます。

「社長、景気の悪いときにこそ、この商品ですよ。うちの商品は経費の削減になるんです。何とかお願いしますよ」などと、自分の言いたいことだけを伝えようとします。なかには「この商品を買わないと、後で後悔することになりますよ」と脅しをかける営業マンもいるかもしれません。これではまるで押し売りです。

当然、この営業マンはお客様に好意を持たれません。そして最後は追い返されるのが落ちなのです。

このような売れない営業マンは、「商品が良ければ売れる」と思っています。たしかに商品も大切ですが、営業という仕事は、商品が売れる前に、まず営業マンそのものが売れているのです。

売れない営業マンは、この基本的なことが見えなくなっています。売ることばかりを優先させて、お客様の気持ちを汲みとろうとする姿勢を忘れてしまうのです。

こんな上司には「報告・連絡・相談」したくない

組織においては「ホウレンソウ」が重要だと言われます。社員の一人ひとりが報告、連絡、相談をきちんと行なうことで、上司と部下の関係も、部門間の関係も良いものとなります。そのため、ホウレンソウを社員に徹底させようと、さまざまな取り組みがなされています。なかには高額な研修費用を費やしている企業もあるほどです。

ですが、ここに実は落とし穴があります。なぜなら、これらの取り組みは「報告、連絡、相談をしたくなるようなリーダー」をつくることに、目が向けられていないことが多いからです。どんなに報告の重要性を伝えても、その報告を受けるリーダーが部下の立場に立って話を聴かなければ、部下はそのリーダーに報告しようとは思わなくなります。

逆に、報告の内容をしっかり聴いてくれるリーダーには、部下はしっかり報告しようとするものです。

「課長、実はお客様から、こんな品質改善のご要望をいただきました」

「そうか、お客様から、品質を改善してほしいという依頼があったわけだね」

「ええ、たしかにいまの品質管理には、若干の問題があるような気がします」

「なるほど、君もこの商品の品質には不安を感じているわけだ」

「そうなんです、具体的には……」

部下の話をしっかり聴けば、部下は意見や情報を積極的に伝えようとします。そして、有効な情報がリーダーを通して社内にスムーズに伝達されていくのです。このような対応が、社員の働く意欲を向上させ、社内のコミュニケーションを活性化します。

ところが、部下が一生懸命に報告しているのに、上司の聴き方が良くないケースが見られます。

「課長、実はお客様から、こんな品質改善のご要望をいただきました」

「そんなことより、今日は受注できたんだろうな」

「いや、先方から品質についての不安の声が……」

「そこを売ってくるのが営業だろう。おまえは何年営業をやっているんだ」

こんな対応では、部下は積極的に報告しようとは思わなくなります。そのためお客様からの貴重な情報が滞り、商品が売れるどころか、クレームにまで発展するかもしれません。そして、お客様からクレームの電話をいただいたときに「なぜいままで黙っていたんだ」とやってしまう。これでは、部下は上司を信用できなくなり、仕事にも真剣に取り組めなくなります。

アクティブリスニングは「悩みを抱えた部下」に対してだけの手法ではありません。日常の連絡事項や報告事項、そしてお客様との商談においても、大きな効果が期待できる聴き方の技術です。

4 アクティブリスニングの「三つのステップ」

さて、これまで紹介してきた「アクティブリスニング」には、実際に使っていくための三つのステップがあります。それをあらためて整理してみましょう。

【アクティブリスニングのステップ】

- 第一のステップ……くり返す
- 第二のステップ……まとめる
- 第三のステップ……心を汲む

第一のステップ「くり返す」

まず、第一のステップは「くり返す」ということです。
相手の言った言葉を、そのまま投げ返すのです。

「主任、私はこのプロジェクトに自信がないのですが……」

「そうか、君はこのプロジェクトに参加することに、自信がないと思っているようだね」

このように、まるで自分が鏡になったように、相手の言葉を反射させればよいのです。相手は自分の言ったことを告げ返されるわけですから、自分の考えに対して、頭の整理ができるのです。そして、もし言葉不足だったり言葉の選び方が適切でなければ、それを補おうとします。

「そうなんです。私、このプロジェクトに参加できるような力を持っていないと思うんです。たくさんの先輩の中に入ると、皆さんにご迷惑をかけてしまうのではないかと、不安になってしまって……」

「君は、他のプロジェクトメンバーの足を引っ張るのではないかと心配しているんだね」

などのように会話が続いていきます。そうすることで、相手が言いたいことの本質を、より正確に理解することができるようになるわけです。

第二のステップ「まとめる」

第二のステップでは「まとめる」ということが必要になります。

これまで紹介した例のように、相手の話が短ければ「くり返す」ことは比較的簡単です。

しかし、現実の会話では、そう簡単にはいきません。なかには一方的に自分の考えを話し続ける人もいますし、相手の感情が高ぶっている場合は、感情や思いを次から次へと吐き出そうとします。

ですから、アクティブリスニングの効果を高めるためには、相手の話を「まとめる」「要約する」という技術が必要になってきます。

部下が次のような相談を持ちかけてきたとします。

「部長、今回の人事異動はどうなっているんですか！　なぜ私が管理部門に異動なんですか。私、営業でずっとずっと頑張ってきたじゃないですか。大手メーカーA社からの大型受注を決めてきたのも私です。B社からの受注額にもみな驚いていたじゃないですか。部長も褒めてくれましたよね。その後、大手飲食チェーンの受注も取ってきました。昨年のプロジェクトが上手くいったのも、私の努力があったからだと思います。誰よりもこの営業部のことを考えてやってきたじゃないですか。その私に、こんな仕打ちはないですよ。私みたいに営業でずっとやってきた人間には、一日中社内で仕事をするなんて無理なんですよ……」

と延々続いたとしましょう。「くり返せ」と言われても、これではくり返せません。ですから、まとめる技術が必要なのです。この場合なら、彼が話を終えた後にこんな感じにまとめ、告げ返すことができるでしょう。

「そうか、君は好きな営業部門から、自分に向いていないと思う管理部門に異動になることが納得できず、自分の営業の実績が評価されていないんじゃないかと、不満を持っているんだね」

これが、彼が言いたかったことの本質でしょう。大切なのは「自分の言いたかった本質を理解してくれているんだ」と思ってもらうことです。

そのためには、部下の話に集中し、本当に言いたいことは何なのか、何を理解すれば、部下は「分かってくれた」と思うのか。これをしっかり頭の中で整理しなければなりません。

だから難しいのです。相手の話を聴くときに「何を助言しようか」などと考えている余裕は、心理カウンセラーにもありません。部下の話を自分の価値観に合うところだけ選んで聴いてみたり、助言に必要な情報を収集するために聴くという姿勢では、「まとめて本質を告げ返す」ことはできなくなってしまいます。

この「まとめる」というステップで注意すべき点は、「まとめすぎない」ことです。さきほどの例でいえば、

「あっ、異動に不満なのね」

と言ってしまう。これではまとめすぎです。こんな言い方では、部下は「私の言いたいことを本当に理解してくれているんですか」と言いたくなります。

また、話の途中で要約してしまうのも問題です。

「分かったよ、おまえの話はこういうことだろ」

「簡単に言うとこうじゃないか」

これでは、話の途中で腰を折ることになり、相手の伝え方の未熟さを指摘しているに過ぎないのですから。

第三のステップ「心を汲む」

第三のステップは「心を汲む」ということです。

相手の心を汲むことで、相手に「ああ、ちゃんと聴いてもらえた」「本当に分かってもらえた」と思ってもらうことができます。

たとえば、女性社員が悩みを打ち明けてきたとします。

「私、こんなこと言わなきゃ良かったんです」

第一のステップ「くり返す」では、次のようになるでしょう。

「君は、そんなことを言わなければ良かったと思ってるんだね」

これに対して、第三のステップ「心を汲む」では、こんな言い方になります。

「君は、言ってしまったことで、後悔しているんだね」

単に言葉をそのまま告げ返すのではなく、相手の気持ちを汲みとり、自分なりの、別の言葉で言い換える。これが「心を汲む」という技術です。「言わなきゃ良かった」という相手の言葉から、「後悔しているんだな」という気持ちを汲みとったわけです。

相手の心を汲むためには、本当に相手と同じような気持ちになってみることが必要です。単に、言いたいことの本質を整理するだけではなく、そのとき相手はどのような感情を持ったのか、どんな気持ちだったのか、嬉しかったのか、悔しかったのか、淋しかったのか。それを、相手の身になって感じないとできないのです。

だから「心を汲む」ことができたときに、相手に「ああ、分かってくれた」と思ってもらえるのです。

5 「パッシブリスニング」の技術

パッシブリスニングとは何か

「アクティブリスニング」の効果を発揮するためには、これから紹介する「パッシブリスニング」の実践がカギになります。

これまで紹介してきたアクティブリスニングは、実際の会話の中で常に使い続けるものではありません。相手の言っていることをすべて告げ返してしまうと、会話の進行に支障を来たすことがありますし、「しつこい」という印象を相手に抱かせてしまうことがあります。

ですから、「アクティブ（積極的）」のように、「くり返したり」「要約したり」「心を汲んだり」はしないけれど、「あなたの話を真剣に聴いているんですよ」ということを相手に伝えるための「パッシブ（受動的）」な聴き方が必要なのです。

それが「パッシブリスニング（受動的な聴き方）」です。

実際のコミュニケーションでは、パッシブリスニングが七割くらいを占めるでしょう。通常の会話ではパッシブリスニングを使い、相手の考え方を確認すべき重要な部分について、アクティブリスニングを使うことになります。

パッシブリスニングには、「沈黙」「あいづち」「思いを引き出す言葉」の三つの種類があります。

【パッシブリスニングの種類】

- 沈黙
- あいづち
- 思いを引き出す言葉

上司の「沈黙」で思いやりを伝える

まず「沈黙」についてです。

会話の中で沈黙を恐れる人がいます。話をしているときに沈黙が生まれると、「何かを話さなければ」と焦ってしまう。自分が何かを答えなければならなかったり、会話を続けなければ間がもたないような沈黙は苦しいものです。しかし、沈黙が生じる状況はそれだけではありません。

たとえば、相手が考えようとしているときなど、沈黙は大きな効果を示します。さきほども触れましたが、アクティブリスニングを行なうと、自分が悩んでいる本質は何なのかを相手は考えようとします。そのときは「考えてもらうための環境をつくること」が必要になります。

相手が考えようとしているのに、次々に自分の意見を言ってしまえば、相手の気づくチャンスを奪ってしまうことになります。

また、沈黙は、相手にもっと話をするようにうながす効果もあります。あなたが沈黙を怖いと感じるように、相手も沈黙を怖いと感じます。そして怖いと感じた相手は、あなたと同じように「何かを話さなければ」と思うようになります。なかなか本心を話してくれない場合や、心を閉ざそうとする人に対して、この方法はとても効果的です。

「話したくない」と思っている人に「しゃべれ、しゃべれ」と言ってしまえば、ますます話をしてくれなくなります。この章のはじめに紹介した「質問型の過剰な関わり」がまさにこれです。

相手に話をしてほしいなら、まず聴く側が、相手の「しゃべりたくない」という気持ちを受け入れることが大切です。相手を批判したり考え方を変えさせようとする前に、まず相手のことを受け入れる。これがより良いコミュニケーションには不可欠です。

「あいづち」は会話のリズムを高める

次に「あいづち」についてです。

「あいづち」とは、「なるほど」「そうですか」「うんうん」「ああ、そうなんだ」というものです。実際のコミュニケーションでは最もよく使います。「私はあなたの話を聴いていますよ」ということを、簡単な言葉や態度で相手に伝えるのです。

「あいづち」をつまらないものと思わないでください。無表情で、態度に何の変化も見られない人に話すことが、どれだけ話し手にストレスとプレッシャーを与えることか。聴いているなら、聴こうとしているなら、それを示すことも大切なコミュニケーションです。

会話とはキャッチボールです。壁に向かってしゃべっているのではありませんから、相手が少しでも話しやすくなるような環境をつくってあげることが大切です。

相手の話にあわせて適度に「あいづち」を打つ。すると会話のリズムが高まり、相手はさらに話しやすくなります。そして、言いづらい話や貴重な話を気持ちよく話してくれるようになります。

私がセミナーの講師をしているときなども、参加者が無表情だったり、話を聴いてくれているのか分からないようなときは、どうしても話のテンポが落ちてしまいます。逆に、あいづちを打って一生懸命に聴いてくれているときは、参加者の役に立ちそうな話を一つでも多く話そうと思うものです。

「思いを引き出す言葉」の隠れたパワー

三つめは「思いを引き出す言葉」についてです。

私たち心理カウンセラーは、相手の心の扉を開くために、この「思いを引き出す言葉」をよく使います。たとえば、「そのことについて、もう少し詳しく教えてください」「それは○○さんにとって、とても大切なことのようですね」「あなたはそのことについてどう思われますか」「そのとき、どんなふうに感じたのですか」などのような言い方です。

相手が言おうとしていることをより理解するために、あるいは相手の考えを整理するために使われることが多い言葉です。

実は、「思いを引き出す言葉」には、聴く側のやさしい心が隠されています。

「どう感じるかを、自分の思う通りに表現していいんだよ」

「君が本当はどう考えているのかを、心から知りたいんだ」

「君の意見は、僕が聴きたいと思えるくらい価値があるんだよ」

このようなメッセージがあるからこそ、相手は自信を持って自分の意見を言うことができるのです。

何も格好をつける必要はありません。部下の話をしっかり聴こうと思えば、自然に出てくる言葉です。

「なるほど、面白いね。それは具体的にはどういうこと？」

相手が関心のある話をしてくれているときには、誰もがこのような聴き方をしているものです。これからは、興味を持っている話にかぎらず、相手の話を聴くときにはできるだけ「思いを引き出す言葉」を使ってください。相手のことを理解するために、共感しながら話を聴くために、使ってみてください。

6 「非指示的な聴き方」のメリット

この節では、これまで紹介してきた非指示的な聴き方――アクティブリスニングとパッシブリスニング――の効果や影響を、あらためて整理してみます。

部下が自分で解決していく

「聴く（告げ返す）」ことによって、問題を抱えている部下は、自分でその問題を整理し、自分で解決策を見つけようとします。

アクティブリスニングを使うことで、相手の置かれている状況や感じていることなど、さまざまな「情報」を引き出すことができ、問題の整理につながります。情報がしっかり引き出され、整理されれば、聴き手が答えを言うまでもなく、話し手が自分で解決策を見つけることができるのです。

抱えた悩みや課題に対して自ら考え、答えを見つけようとすることが、部下の大きな成長につながります。

部下が自分自身を見つめる

相手に問題解決をうながすためには、その人が無意識に抱いている「思い込み」や「とらわれ」から解放してあげることも有効です。

会社の給料が安いことや、残業の多さに不満を持っている若いビジネスマンに出会うことがありますが、彼らも入社したときは「創造的な仕事ができる」など、その会社の良いところに目を向けていたはずです。しかし、働いているうちに、徐々に足りないところが気になってしまう。そんな彼らは、時にはこんなことを言い出すかもしれません。

「主任、この会社、給料が安くて、もう働く気がなくなりましたよ」

「なるほど、君は働きたくないと思うほど、給料の低さに不満を感じているんだね」

「そうですよ、こんな給料でみんなよく働くよなあ」

「こんな給料では、会社で働く価値がないと思っているわけだ」

「いや、働く価値がないとは思いませんよ。でも、頑張っても、頑張りがいがないじゃないですか」

「頑張った結果を、しっかり評価してほしいというわけだね」

「そうです。まあ、僕も威張って言えるほど、成績を上げてませんけどね」

「成績を上げたらしっかり評価してください、ということなんだね」

「まあ、そういうことです。いまは給料が安いけど、頑張って、もっと良い給料をもらえるようになりますよ」

「そうか、僕も期待しているよ」

このように、アクティブリスニングで、相手の言葉を鏡のようにくり返し、相手に自分の考えを客観的に聴いてもらうのです。そうすると相手は、自分の置かれている状況や、とらわれている先入観に気づきはじめます。このことを心理学では「自己洞察」と言います。自分のことを、客観的に見ることができるようになるということです。これもアクティブリスニングの大きな効果の一つです。

良い人間関係がやる気の源になる

部下の心を汲みながら聴くという態度は、リーダーとしての魅力を増します。

「この人は私のことを理解しようとしてくれている」、そんなことを感じた部下は、あなたの期待に一生懸命応えようとします。「認めてくれる人がいる」「自分のことを分かってくれる人がいる」、そう思えることが仕事をしていくうえでどれほど勇気づけられるか。

良好な人間関係は、部下が頑張るための動機づけになり、力を発揮しやすい環境をつくるのです。

怒っている人を冷静にさせる

話を聴いてあげることで、「相手が感情を発散できる」という効果もあります。これはクレームの対応などにとても有効です。


「おい！ どうなってるんだ、おまえの店は！」

「当店の対応で、お客様に何か不都合があったのですね」

「不都合なんて簡単な問題じゃない。おまえのところはどんな商品を売ってるんだ！」

「私どもの商品が、お客様の信頼を損ねてしまったのですね」

「ああそうだよ。せっかく安い暖房機があったから買ったのに、家に帰って電源を入れても動かないじゃないか。いったいどうなってるんだ」

「当店を信頼してご購入いただいたのに、そのようなトラブルが発生してしまい、誠に申し訳ございませんでした。せっかくのお客様の期待を裏切ってしまい、残念です」

「ああそうだよ。おたくの商品だからと思って信頼してたんだ。これじゃあ、書斎が暖まらないから仕事ができないじゃないか」

「大切なお仕事のためにご購入いただいた当社の暖房機がトラブルを起こしてしまい、お客様のお役に立てなかったことが残念です。深くお詫びいたします」

「いや、まあ暖房機を別のに取り替えてくれればいいんだよ……」

このように、お客様の気持ちに共感する対応がまず必要なのです。ところがこれをせず、

「いままで、そのようなトラブルは無いんですけどね」

「ちゃんと電源は入っているんですか?」

などと反論したり、こちらの立場の防衛をしたりすると、お客様は怒りを増幅されるだけです。

上司に怒りを買いやすい部下も、素直に上司の注意を聴くのがヘタです。怒りたい人は、何かの不満を持っているのですから、それを聴いて「怒り」のガス抜きをしてあげるほうが、怒りや失望はしぼんでいきます。

その後なら、こちらの確認したいこと、こちらの驚きを聴いてくれる余裕が相手にも生まれるのです。それが正しい叱られ方でもあります。

アクティブリスニングを使えば、クレームの内容を十分に引き出し、怒りの感情を早く処理することができるのです。当然、情報が整理されるため、その後どのような対応が望ましいか見えてくるのです。

7 「非指示的な聴き方」の補足と注意点

この章の最後に、アクティブリスニングを実践する際の注意点を二つほど述べておきます。

相手の表情を上手く読みとる

まず、「相手の態度や言い方にも注意をはらう」ということが、相手の気持ちを理解するためのポイントです。

アクティブリスニングを行なった後に返ってくる「ええ、そうなんです」という相手の反応。しかし言葉は同じでも、その言い方や表情、答えが返ってくるまでの時間などによって、相手の感情は異なっているのです。

アクティブリスニングで相手の心をしっかりと汲みとれている場合には、張りのある声で、「ええ、そうなんです！」という答えが返ってくるでしょう。

一方、「ちょっと違うんだけどな」という感想を持った場合には、考え込むような表情で「ええ…、そうなんです…」と答えを返すでしょう。

そんなとき相手は「何か違っているなあ」と思っているわけですから、「ちょっと引っかかるところがあるのではないですか」などと返してあげる。そうすることで、相手に考える機会を与えますし、相手はより正確な言葉を選ぼうとします。

また、相手が答えに詰まり、黙ってしまうときがあります。そんなときも、「何か言いにくいことがあるんですね」「なかなか言葉にできない気持ちがあるようですね」などと思いを汲んであげることが大切です。そうすることで、「自分が困っていることまで理解してくれているんだな」ということが相手に伝わるのです。そのような対応が、相手に心を開いてもらうための、きっかけになっていきます。

言葉の選び方で大失敗につながる

さて、次の注意点は言葉の選び方です。

アクティブリスニングの第一のステップで、鏡のように「くり返す」ということを述べました。ただ、これを実際に行なうときには、相手の使った言葉をそのまま使用してよいかどうかを考えるべきです。

たとえば、得意先の課長さんから、

「いやー、今度の人事異動で、後輩に追い抜かれてしまって、あいつが先に部長になったんですよ。私の部下だったこともあるんですけどねえ」

という話を聴いたとします。これに対して、

「なるほど、今度の人事異動で後輩に追い抜かれてしまったんですね」

などとストレートに返してしまえば、その課長さんの機嫌を損ねることになりかねません。

この場合には、

「今度の部下の人事について、課長さんとしては納得いかないと感じておられるわけですね」

と言葉を選び直すことが必要です。

この章では、部下の能力を引き出すための「聴き方」について述べました。

「考え方は分かるけど、俺にはできないよ」と言う方がいらっしゃいますが、できないからといって、すぐに諦めていただきたくないのです。

まずは第一のステップ「くり返す」からチャレンジしてみてください。最初はちょっと照れがあるかもしれません。でも、いいじゃないですか。一生懸命に聴こうとしているあ

なたを、誰もさげすんだりしません。「自分の気持ちを分かろうとしてくれているんだ」という思いを、不快に思う人はいません。

自分では「ちょっと変かもしれないな」と思う言い方になることがあるかもしれません。でも大丈夫です。それを第三者が聴いたとき、あなたが考えるほど違和感を感じないものです。勇気を出してぜひチャレンジしてください。

第3章

「伝え方」の心理学

――部下が自ら動き出す自己主張の技術

第1章 どうすれば部下は動くのか
権力から魅力へのリーダーシップ

第2章 「聴き方」の心理学
部下の心を理解し、能力を引き出す

第3章 「伝え方」の心理学
部下が自ら動き出す自己主張の技術

第4章 「問題解決」の心理学
意見の対立からベストアンサーを導く

第5章 「価値観」の心理学
部下に組織の価値観と常識を指導する

第6章 勇気と行動がオフィスを変える
明日から始める魅力型リーダーシップ

【自己開示メッセージ】

この章では、困った部下の行動を気持ち良く変化させる「伝え方」を学びます。

上司は部下を注意するときに、部下の行動の良し悪しを指摘しがちです。しかし、部下は事態を悪くするために行動しているわけではありません。部下に腹を立てるより、上司が「望んでいない状態」にあることを素直に伝えることが最優先です。

そのためのカウンセリング手法として「自己開示メッセージ」を紹介します。上司の「困った状況」を説明して部下に救助信号を出す「救助のメッセージ」。部下が上司の期待する行動をしたときに出す「感謝のメッセージ」。部下の失敗を未然に防ぐための「予防のメッセージ」。これら3つの作り方をマスターします。

この章では、部下のやる気を起こさせ、潜在能力を引き出すための「伝え方」について述べていきます。

部下が、何のアドバイスもなく勝手に成長したり、指示がなくても業務を完璧にこなすのなら良いのですが、そんな都合の良い部下はなかなかいないものです。

指示を出す、アドバイスをする、改善点や注意点を指摘する。このようなすべての状況において、「伝える」という技術が必要となります。そして、部下の能力を伸ばしたり、職場の人間関係をより良いものにしようと考えたとき、次の三つの考え方を実践していくことが重要です。

①素直に救助を求める

部下の行動にイライラする場合、部下を力で変える頭ごなしの伝え方ではなく、自分がなぜイライラしているかを正しく伝え、部下が自分で行動を変えるようにうながす伝え方。

②感謝の気持ちを告げる

部下のダメなところを指摘するのではなく、部下の長所を認めてあげたり、感謝する気持ちを正直に告げていく伝え方。

③事前に予防する

自分の考えや価値観を部下に伝え続け、自分の意向に沿わない判断や行動を未然に防止する伝え方。

このような伝え方を身につけるために、「自己開示メッセージ」という技術を紹介します。自己開示とは、その名の通り、自分の正直な気持ちを相手に伝えることです。

常識論や頭ごなしの指示だけでは、部下は納得して動きません。納得して動かない部下を無理に動かそうとするから、部下との人間関係にひずみが生じ、部下のやる気と自由な発想を奪うことになってしまうのです。

1 なぜ伝え方ひとつで効果が変わるのか

指示のやり方を間違えると命取り

上司が部下に指示を出す場合、どのようなときに問題が起こるのでしょうか。

これにはいくつかのケースが考えられます。ここでは「上司の視点」と「部下の視点」の二つから、発生する問題について整理をしましょう。

まず上司の視点です。

上司にとって困るのは、指示を出した部下が思い通りに動いてくれないことです。

上司の立場からすれば、部下が思い通りに動けばＯＫ、思い通りに動かなければダメということになるでしょう。この問題を解消するために、上司は部下を力ずくで動かしたくなります。このような思いが、権力型のメッセージを生み出すのです。

次に部下の視点です。

部下にとって困るのは、上司からの指示が理解できなかったり納得できないことです。

いいかげんな指示だったり、指示の狙いが分からなければ、どのように仕事を進めればよいか分かりませんし、誤解によるミスも起こるかもしれません。これは部下にとって、ストレスのたまることです。

上司の視点からは「部下が思い通りに動くか動かないか」が問題で、部下の視点からは「上司からの指示に納得できるかどうか」が問題となります。この二つの視点から考えると、四つの状況が考えられます。

①部下が納得して、動く
②部下は納得できないが、無理やり動かされる
③部下は納得できないため、動けない
④部下は納得できるが、事情があって動けない

「①部下が納得して、動く」以外は、上司と部下のどちらかに、何らかの問題が発生していることが分かります。そして、「②部下は納得できないが、無理やり動かされる」のような権力型のリーダーシップを使わないのであれば、上司は、部下が納得できるように意思や情報を伝えることが必要となります。

そこでこの第3章では、「上司からのメッセージを、いかに部下に納得できるように伝えるか」について考えていきます。ここでは「自己開示メッセージ」というカウンセリング技術を身につけることが効果的です。

また、残る問題である「④部下は納得できるが、事情があって動けない」については、「いかに問題を解決していくか」という別の技術が必要になりますので、第4章で詳しく述べます。

部下のやる気を失わせる伝え方

「自己開示メッセージ」について述べる前に、まず、私たちが普段行ないがちな、別のメッセージについて考えてみます。

一つの状況を想定しましょう。

時間は昼休み。部下が自分の席で同僚と談笑しています。隣の席で、あなたは午後一時から行なわれるミーティングのためのレポートを作成しています。あなたは、部下の会話に気をとられてしまい、仕事に集中できません。

そんなとき、あなたは部下に何と言うでしょうか?

「口に出して言わない」という方は、本音では何と言いたかったのかを考えてみてください。変に格好をつけずに、このような困った状況に置かれたときの、日頃の発言を思い起こしてください。

「静かにしろよ！」と怒鳴りますか。「他の場所で話してくれないか」と頼みますか。「こっちはレポートを書いてるんだ。そのくらい気づけ！」と言いますか。「いいね、君たちは、いつも楽しそうで」と嫌みっぽく言ってしまいますか。

実はこのような言い方に共通していることがあります。それは、これらがすべて「相手の行動を評価している」ということです。

相手の行動に対して「良くない」「このようにしてほしい」ということを告げているメッセージ。それは、自分の困った状況の解決を、相手に求めているメッセージです。

メッセージの主語は、みな「あなた」になっていませんか。

「(君は) うるさい」「(君は) 静かにしろ」「(君は) 上司である僕の行動に配慮しろ」「(君は) 違う場所で話をしろ」など。

このように相手のことを評価したり、相手の行動を強制するようなメッセージを、心理学では「他者評価メッセージ」と言います。

さて、ここで考えていただきたいのです。部下はわざとあなたの隣で談笑をしていたのでしょうか。「この席で話をすれば上司は嫌がるだろうな」「レポートを書く邪魔をしてやろう」と思っていたのでしょうか。おそらく違います。彼はただ、自分が楽しいから話をしていただけなのです。

レポートを書いていたあなたと、同僚と談笑をしていた部下。どちらが正しいのでしょうか。時間は昼休みです。もしかすると、次回のプロジェクトの企画を出し合っていたのかもしれません。正しい、正しくない、そんな理由で「こうしなさい」と相手に指示を出すことは難しいように思われます。

だから、ついつい上司という立場上の「権力」を使ってしまう。そんなところではないでしょうか。

また、このような困った状況に置かれると、「相手の行動が問題だ」という発想を持ってしまいがちです。だから、談笑をしていた部下に問題の原因を求めようとするのです。「部下がうるさくてレポートが書けない」「仕事に集中できないのは部下が悪い」、そんなふうに思ってしまうのです。部下は、決してあなたを困らせようとしていたわけではないというのに……。

あなたから「怒り」を受け取った部下は、どんな感情を抱くでしょうか。「静かにしろ！」「別な場所で話をしろ」など、行動を頭ごなしに修正されるような言い方をされた部下も、心のなかで「怒り」をため込むのです。怒りは、相手の怒りを引き出すのです。

注意された部下は、あなたの望み通りに話をやめるかもしれません。しかし、それは納得したからではありません。「うるさかったのは分かったけど、そんな言い方をしなくたって」と思うはずです。

自分の行動を否定されるような言い方をされれば、人は少なからず不満を持ちます。こんなちょっとした一言の中にも、あなたと部下の関係にひずみを生み出す原因が潜んでいるのです。

権力が会社を暗くする

部下の能力を伸ばすためには、上司と部下の人間関係がとても重要です。好きな上司の下で仕事をするのと、嫌いな上司の下で仕事をするのとでは、部下の仕事に対する意欲は明らかに違ってきます。

あなたのオフィスではいかがですか。人間関係は良好ですか？

上司に不信感や恐怖心を抱いている部下は、自ら積極的に考えを述べたり、新しいことにチャレンジしていこうとは思わないものです。

また、人間関係が良くないと、部下が持っている情報が上司に伝わらなくなります。情報の遮断という問題が起こるのです。部下が積極的にコミュニケーションをとろうとしないのですから、当然のことです。

自分の立場を最大限に利用し、威圧的な態度で相手を頭から押さえ込むような言い方。そうすれば、相手の行動を変えることはできます。しかし、それでは、相手は「変わった」のではなく「変えさせられた」のです。

表面的な行動は変わったかもしれませんが、部下の考え方は変わっていませんし、あなたが伝えようとしたことの本当の意味が理解されていません。

上司が「やれ」と言うから、仕方なくやっている。そんなことが続くと、部下は自分で考えて行動することが無意味だと感じたり、「言われたことだけやればいいや」という甘えの気持ちを持つようになります。そのような部下をつくることが、果たして上司の役割と言えるでしょうか。

2 「自己開示メッセージ」の技術

部下の誤った行動はわざとではない

相手の行動を評価したり、相手に行動を強制するメッセージ、これを「他者評価メッセージ」と言いました。これに対して、自分の素直な気持ちを伝えるメッセージを「自己開示メッセージ（セルフディスクロージャー）」と言います。

引き続き、さきほどの昼休みの状況を想定してみます。

まず考えていただきたいのですが、レポートを書いているあなたと、隣の席で談笑している部下、このとき、困っているのはどちらでしょうか？

答えは簡単です。レポートを書くことに集中できないあなたです。ですから、本来あなたが主張すべきは、その「困っているという状況」なのです。

自己開示メッセージの基本は、「私が困っているのだから、その困っている状況を、『私』を主語にして伝えていこう」ということです。

私たちは、不満に感じる出来事が起こると、その出来事をもたらした相手の行動が悪いのだと決めつけ、それを修正しようとします。そのときの言い方は、相手を主語にしたメッセージになります。これは相手の行動を評価し、時としてとがめる言い方になってしまいます。たとえば「(おまえは)うるさいんだよ、静かにしろ！」のように。

しかし、相手はあなたを困らせようとして談笑しているのではなく、相手にとってはごく当たり前の行動をしているに過ぎないのです。これは、人間関係を良好に保つうえで、とても重要な認識です。

ですから、困った状況が発生したら、その困っている状況を素直に伝えるべきです。

たとえば次のような具合です。

「(私は)実は、一時までに仕上げないといけないレポートを書いているんだけど、君たちの話が耳に入ってしまい、どうも文章に集中できなくて困っているんだ」

これが自己開示メッセージです。

この自己開示メッセージは、相手にどのような行動をとってほしいかを強制していません。自分が困っている状況を素直に伝えているだけです。このようなメッセージを受け取った部下は、自分たちの談笑という行為が上司に与えた影響を自分たちで考え、行動をどのように改善していけばよいかを考えます。

単純に話をやめる場合もあるでしょうし、別の部屋に移動して話を続けるかもしれません。あるいは、日を改めて話の続きをしようと同僚と約束するかもしれません。もしかすると、あなたに迷惑をかけた申し訳のなさから、「すみませんでした。何かお手伝いすることはありますか？」「あっ、大変ですね。お茶でもいかがですか？」などと言ってくるかもしれません。

彼らが行動を修正したのは、あなたに強要されたからではありません。自己開示メッセージを受け取った結果として、「あなたの困った状況に対する改善策」を自分たちで見出したのです。

このようなコミュニケーションに、人間関係が良くなるきっかけが潜んでいます。

「怒り」の真実の姿とは

自己開示メッセージの理解を深めるために、他者評価メッセージをもたらすイライラ、つまり「怒り」について考えてみましょう。

ここで理解していただきたいことがあります。それは、「怒り」の感情は「外」から与えられるものではなく、「内」つまり自分の中でつくられているということです。

たとえば、毎朝出社しても挨拶をしない若い社員がいたとします。先輩社員はそれを不満に思い、「こいつは何なんだ。『おはようございます』くらい言えよ」とイライラしています。このとき、先輩はこのように考えるでしょう。「この社員が挨拶しないせいで俺はイライラさせられている」「この社員が私を怒らせているのだ」と。

けれども、本当にその若い社員が先輩に怒りをもたらしたのでしょうか。もし彼が怒りをもたらす存在ならば、オフィスにいた全社員が同じように怒りを感じているはずです。けれども、実際にはそんなことはありえません。挨拶というものに無頓着な社員もいれば、彼が出社したことに気づいていない社員もいるからです。

つまり、このときの状況を冷静に考えてみると、挨拶をしない若い社員が怒りをもたらしているのではなく、「若い社員は元気に挨拶すべきだ」とか「挨拶をして、俺に敬意を払え」という思いが、先輩に怒りを感じさせているのです。

怒りが頂点に達した先輩は、若い社員のところに行き、このように詰め寄るかもしれません。

「おまえな、ちゃんと挨拶しろよ!」

極端な言い方かもしれませんが、この先輩の「一言」を、心理学の見地から整理すると次のようになります。

「挨拶に対する期待を持つ先輩が、その期待に合わない若い社員に怒りをぶつけ、その若い社員の行動を、自分の期待に合うように一方的かつ強制的に修正させるような一言」たしかに挨拶は大切ですし、挨拶しない社員に挨拶をするように伝えることは悪いことではありません。問題なのは言い方、伝え方です。

そして、その伝え方を理解するためには、怒りに対する正しい認識が必要となります。怒りは外からもたらされるものではなく、自分の中でつくられています。さらに、怒りの感情を抱く前には、別の感情が存在していることも確かなのです。このことを心理学では、「怒りとは第二感情である」と言います。

これは、日常生活の事例を考えると分かりやすいでしょう。

たとえば、デパートで買物中、子供が迷子になりました。不安と恐怖の感情を抱きながら子供を探し、迷子預かり所で自分の子供を見つけます。そして、「あなたはどこに行っていたの！　もうあなたとは二度とデパートに来ないわよ！」などと、怒りの感情をぶつけてしまう。

しかし考えてみてください。怒りの感情を抱く前に、「よかった、とりあえず無事だった」という安堵の感情があったはずです。ホッと胸をなで下ろした思い、不安でたまらなかった思い。これが、怒りの感情の前に存在した、第一番目の感情なのです。

期待がなければ腹は立たない

クライアント企業を訪れたときに、こんなことがありました。

「おまえ、これくらいの仕事をできなくてどうするんだ！」

企画課の課長さんが部下を怒っていました。窓が割れんばかりの声で怒鳴り散らしています。私は職場全体の雰囲気が悪くなることを心配して、その課長さんを別室へ呼び、話を聴くことにしました。

「どうされたんですか？」と質問すると、課長さんはこう答えました。

「衛藤先生、聴いてくださいよ。またあいつ失敗したんですよ」

「ああ、部下が失敗したことで、感情的になられていたんですね」とアクティブリスニングで確認すると、課長さんは話を続けます。

「そうなんですよ、もう毎回なんです」

「なるほど、毎回のことだったからですか……」

「大声を出すべきじゃなかったとは思うんですけど、こう毎回だとどうしても抑えが利かなくて……」

アクティブリスニングによって徐々に冷静さを取り戻した課長さん。私はこんな質問をしてみました。

「課長さんが彼に仕事を依頼したときに、課長さんは初めから怒っていらっしゃったんですか？」

「怒っているわけないじゃないですか」

「どんな気持ちで依頼されたんですかね、この仕事を」

「そりゃ衛藤先生、やってくれると思ったんだ」

課長さんは強い口調で返します。

「ということは、課長さんは最初は期待されていたんですね、彼に。仕事をきちんとやってくれるだろうと」

「そりゃ先生、期待していなかったら仕事なんか与えませんよ」

「そりゃそうですよね。そして課長さんはきっとこう思われたんですね。こうこういう手順で彼なら仕事を進めてくれる。そう期待されたんですよね。ところが彼が失敗してしまった」

「ええ、そうなんです」

「思ってもみなかったからビックリされたんですね。驚かれたんでしょう。そして、落胆もされたんでしょうね」

課長さんはさらに大きくうなずきます。

「そして、その後くらいではないですか。怒りの感情がわいてきたのは。俺を期待させて、そして俺を驚かせて、落胆させたやつは誰だ！ こいつだ！ そう思う感情は……。そして、これくらいの仕事をできなくてどうするんだ、ここで厳しく注意しておかなければ、と怒っていらっしゃる」

「そうですよ、だから怒鳴ったんだ」

「課長さん、僕ならそんな言い方はしないと思いますね。僕ならこう言ったと思います」

課長さんの眉間にシワが寄ります。

「○○君、たくさんのメンバーの中から君にこの仕事を依頼したのは、君だったら上手くやってくれると思ったからだ。君なら、この仕事を順調に卒なくやってくれると思っていたからね。だから、あそこで君が失敗したって聞いたときには、本当に驚いたぞ。まさか、まさかあいつがって思わず叫んだくらいだよ。君だったら間違いないって思っていただけにね。ビックリしたぞ」

いかがですか、と質問すると、課長さんは何度かうなずき、しばらく黙ったままでした。

おそらく部下は「すみません、期待されていたのに……」と心から自分のミスを反省することでしょう。そして、「もう一回だけ、もう一回だけチャンスをください」と言ってくるでしょう。今度は上手くやってみせますから、課長の期待に応えてみせますから、と言ってくるでしょう。

課長さんはしばらく考えた後、怒鳴る前、つまり怒りの感情の前には「期待の感情」があったし、「驚きの感情」「失望の感情があった」と話されました。

人間は期待があるから腹が立つのです。期待のないところに、腹など立ちません。期待、そして驚きや落胆の感情があるから、その後に怒りの感情が起こるのです。怒りの感情はそれらの感情によってもたらされる二番目の感情なのです。

怒りの感情を相手にぶつける前に、探してください。初めに抱いた一番目の感情を。そして、その一番目の感情を相手に伝えてください。語ってください。

期待していたんだ。心配したんだ。悲しかったんだ。それがあなたの正直な気持ちなのです。これを相手に伝えてください。これが自己開示メッセージ、つまり私の素直な気持ちを伝えるということなのです。

救助の自己開示メッセージ

相手のことではなく、自分の正直な気持ちや影響を伝えていこうという自己開示メッセージ。これまで説明した自己開示メッセージは、自分の困っている状況を「助けて」という思いとともに相手に伝え、相手の行動を自発的に改善してもらうというものでした。これを「救助の自己開示メッセージ」と言います。

実は、自己開示メッセージには三つの種類があります。残りの二つは「感謝の自己開示メッセージ」、そして「予防の自己開示メッセージ」です。

【三つの自己開示メッセージ】

- 救助の自己開示メッセージ
- 感謝の自己開示メッセージ
- 予防の自己開示メッセージ

感謝の自己開示メッセージ

「感謝の自己開示メッセージ」とは、感謝の気持ちや喜びを相手に伝える自己開示メッセージです。実はこのメッセージが、もっとも効果的に人間関係を改善し、その人の長所を引き出すことができるメッセージなのです。三つある自己開示メッセージの中で、一番積極的に使っていくべきメッセージと言えます。

私たちは、他人の失敗や、他人の足りないところにばかり目を向けてしまいます。それを改善させようと、さまざまな指示を出してしまいます。一方、成功したり、足りているところについては「できて当たり前」「やってくれて当たり前」という態度になりがちです。

もちろん上司として、感謝の気持ちを持っているでしょう。しかし、その気持ちを言葉に出さなかったり、態度で表現しなければ、相手には伝わりません。

「普段、やって当たり前と思われるようなことや、よくできたと思われる相手の行動を、自己開示メッセージで伝えていく」

これが「感謝の自己開示メッセージ」です。

たとえば、いつもていねいな言葉づかいで電話の応対をしてくれる女性スタッフがいたとします。もし、あなたが彼女に対して感謝の気持ちを持っているなら、その気持ちを自己開示メッセージでしっかり伝えるべきです。

「○○さん、少しいいかな。○○さんがいつもていねいな言葉づかいで電話に出てくれるから、お客様から電話があっても安心だし、この前なんかはお客様から『御社はいつも電話の応対がいいですね』って褒められたんだ。とても嬉しかったよ」

その後、女性スタッフはどうなると思いますか。慢心して言葉づかいがおかしくなってしまうでしょうか。そんなことはありません。ますますていねいな応対を心がけるでしょうし、あなたに好感を抱くはずです。

人間は、自分の良いところを見てくれる人や認めてくれる人を信頼しようと思うものです。あなたが信頼している人は、あなたの良いところを認め、評価してくれている人ではありませんか？

感謝の自己開示メッセージは、相手に行動の改善をうながすという点でも、大きな効果を示します。たとえば、いつも言葉づかいが乱暴な女性スタッフに対するメッセージを考えてみましょう。

「救助の自己開示メッセージ」では、

「電話の言葉づかいが時おり乱暴だから、お客様に失礼がないかと、とても心配になってしまうよ」

という言い方になります。これは「おい、電話の言葉づかいをもっとていねいにしろよ」という他者評価メッセージに比べれば、たしかに自分の伝えたいことは相手に伝わりますし、自発的に行動が変わるかもしれません。しかし言われたほうとしては、反発の感情は抱かないものの、あまり嬉しい気持ちにはならないでしょう。

これに対し「感謝の自己開示メッセージ」の場合は、相手が行動を少しでも改善したり、こちらの望んだ行動をしたときに、喜びの気持ちを伝えるのです。相手がこちらの期待通りにしてくれたことの喜びを、チャンスを逃さずに相手に告げるのです。

「いまの電話の応対、とてもていねいだったよ。お客様もきっと君の応対に喜んでくれたと思うんだ。僕も嬉しいし、安心できるよ」

と伝えます。そうすれば、その女性スタッフの電話の応対はどんどん改善されていくでしょう。これが人を育てるということです。

私たちは、人のダメなところに焦点をあて、それを強制的に改善させる指示を教育だと勘違いしています。しかし、それでは人は動きません。

相手の良いところに焦点をあててください。そして、それをメッセージで伝えてください。何が良かったのか、どのような状態を上司として望んでいたのか、その通りに行動してくれた結果、どのように好感を持てたのかを、語ってください。

「こんなことはやって当たり前」などと良い行動を軽視しないでいただきたいのです。当たり前と思われることを地道に続けることがどれだけ大変か、当たり前だから評価されないと思うようなことをやり続けることがどれだけ大変か。

普段目を向けてもらえなかった努力に、目を向けてもらえる。こんなに嬉しいことはありません。当たり前であればあるほど、「感謝の自己開示メッセージ」の効果は大きなものになるのです。

「感謝の自己開示メッセージ」を伝える際に注意すべきポイントは、見下したメッセージにしないことです。自分がどう助けられたのか、期待通りに行動してくれたおかげで何が上手くいったのかを伝えずに、「よくやった、ご苦労」だけのほめ言葉では何の意味もありません。

感謝の気持ち、喜びの気持ちを表現するときには、相手と目線を合わせることが大切です。照れずに、格好をつけずに、素直な感情を表現すればよいのです。

くり返しますが、嬉しい気持ちを伝えるときに、「ほめてやる」「自分は君を評価できる立場にある」「自分は偉いんだ」というメッセージを一緒に伝えるのはやめてください。それは自分の弱さや自信のなさを出してしまっているようなものですよ。

予防の自己開示メッセージ

自己開示メッセージの三番目は「予防の自己開示メッセージ」です。

これは、自分の価値観や考えを日々部下に伝え続け、その考えから外れたようなミスや勘違いを未然に防ごうというものです。「予防の自己開示メッセージ」を使うことで、安心して部下に仕事をまかせることができますし、部下も大きな迷いなく上司が期待する仕事を成し遂げられます。

リーダーシップや成功哲学の名著を数多く残しているデール・カーネギーは「雑談をいとうな」と言っています。

これは無駄話をせよということではなく、日頃自分がどういうことを大切に思っているのか、どういうことをされると嬉しいのかを、事あるごとに語って聞かせなさいということです。そうすることで、部下はあなたの価値観や考え方を理解することができ、自分の判断で動きやすくなるのです。

部下はあなたの期待に応えようと頑張っています。ならば、あなたが応えてほしい期待とはどのようなものか、その期待を持つに至った考え方や価値観は何なのかを、事あるごとに部下に告げてください。あなたのビジョンや仕事観を語ることも大切ですし、部下にどういう仕事をしてもらいたいのか、どういう点に注意してもらいたいのかを語ることも大切です。

それを積み重ねることで、しだいに「透明なあなた」になっていきます。

「あの人はこのようなことを大切にしているんだな」「こういうことをされると嫌なんだな」、そんなことが部下に伝わります。あなたの考え方や価値観が、伝えた相手に浸透していくわけです。

とくに、ビジネスの世界は、要求通りに対応してもらわなければ困ることばかりです。

どんな状況でもスムーズに、正確に動いてもらうために、「なぜこの仕事が重要なのか」「ミスをすると、どんな悪い影響があるのか」をあらかじめ伝えておくことが重要です。

ところが、このような事前の対応をせずに、部下が失敗すると「おまえ、何やってるんだ！」と攻撃してしまう。そんな上司は嫌われます。

日によって怒る理由が違う上司の下についた部下は、ノイローゼになりやすいと言われます。そのときの気分で怒るということは、日によって尺度が変わるということです。自分が何に対してどうあってほしいのか、どういう仕事をしてほしいのかが、そのつど、揺れ動いているということです。

これでは部下は、上司のどのような期待に応えればいいのか分かりません。

ですから、自分はどういうことを部下に期待しているのか、どのような仕事のやり方を良しとするのか、いつも自問自答することです。自分の評価基準が定まらない上司が、日によって叱ることが違ってくる。当然、部下からは「感情的な上司だ！」と評価されることになります。

アメリカの優秀なビジネスマンは、自分の価値観や考え方を徹底して部下に告げると言います。リーダーが新しい勤務地に赴任してくると、自分が大切にしていることや、部下に守ってほしいことを、全員の前でしっかり告げるのです。

「私が今度このチームのリーダーとなる○○です。皆さんにいくつか伝えたいことがありますので、メモをとりながら話を聴いてください。さて、私が皆さんにお願いしたいことの一番目は、電話の応対です。電話の応対は、お客様の第一印象を決めるコミュニケーションです。電話の応対を通して、お客様はその会社の教育レベルやサービスレベルを無意識のうちに判断するのです。ですから電話の応対が悪いと、私たち組織のイメージダウンにつながる恐れがあります。そのため私は電話の受け取り方をとても重視しています。いい加減な応対をした社員がいた場合には、私はその社員の評価を大きく下げることになるでしょうし、応対の良い社員に対する評価は高いものになります。よろしくお願いします。次に、二番目は挨拶についてです……」

というように何十項目もあげるのだそうです。自分の仕事に対する姿勢を日夜、整理しているからこそ、部下に明確に告げられるのです。

まず、自分の仕事に対する姿勢を告げておく。そうすると部下がそれを理解しますから、わざわざ上司の意向にそわないことはしなくなります。それを伝えないで仕事を依頼するから、こちらの意にそわぬ行動を部下はとるのです。

これが「予防の自己開示メッセージ」です。

ここで注意すべきことは、自分の考えを理解してくれた部下に対しては、自主性を重んじるということです。

「人は誰しも、一人の人間として扱われたいと望んでいる。そして責任を負う自由を与えれば、人は内に秘めている能力を発揮する」

これは、最高のサービスを提供する航空会社と絶賛された、スカンジナビア航空のＣＥＯ（最高経営責任者）、ヤン・カールソンが述べたメッセージです。

部下の自主性を重んじるということは、部下を一人前の人間として認めるということです。認められることで、人は自分の力を自発的に伸ばそうとします。

3 自己開示メッセージの「三つのポイント」

メッセージのつくり方にはルールがある

さて、「自己開示メッセージ」には、つくり方のルールがあります。

【自己開示メッセージのルール】

①相手の「行為や出来事」を伝える
②その行為によって生じる「波及効果」を伝える
③あなたの「素直な心情」を伝える

より効果的な自己開示メッセージを伝えるためには、できるだけこの三つを含むように心がけるとよいでしょう。

たとえば、電話中に部下が大声で話をしていたとします。他者評価メッセージなら、

「おい、電話中に横でしゃべるんじゃないよ！」となるでしょう。

これに対し、救助の自己開示メッセージでは次のような言い方になります。

「電話中に君たちが話していると（行為や出来事）、お客様の声が聞き取りにくくなって（波及効果）、困っているんだ（素直な心情）」

会議中に部下がメモをとらないような場合、他者評価メッセージでは、

「早くメモをとれよ！」となります。

これに対し救助の自己開示メッセージでは、次のようになります。

「今日のスケジュールをメモしてくれないと（行為や出来事）、別の機会に同じ説明を君たちにしなければならない（波及効果）のではないかと、心配になるよ（素直な心情）」

他者評価メッセージは相手の行動を変えようとするメッセージですから、時として相手の自尊心を奪い、相手は反発や恨みの感情を抱くことがあるかもしれません。

これに対して自己開示メッセージは、相手の自主性によって行動を変えてもらおうというメッセージです。あなたの素直な心情や状況を説明することで、相手の共感的な理解をうながすというメッセージです。

「行為や出来事」「波及効果」「素直な心情」について、もう少し詳しくポイントを整理していきましょう。

「行為や出来事」を伝える

「行為や出来事」を伝える際に注意したいのは、事実を伝えるということです。とくに救助の自己開示メッセージの場合には、「良い」とか「悪い」とかの評価を加えない注意が必要です。

たとえば、「君たちの『くだらない話で』うるさくされると」とか「君たちが『いつも』うるさくしているので」のような言い方は、それだけで相手を不快な気分にさせてしまいます。相手の行為は、事実を語ってください。そこにあなたの感情的な価値判断を加えると、相手はこの時点で不愉快になります。

「波及効果」を伝える

次に「波及効果」についてのポイントです。

さきほども述べましたが、相手に行動を変えてもらうためには、納得してもらうことが必要です。そして相手に納得してもらうためには、具体的にどのような波及効果があるのかを分かりやすく伝えることが必要になります。波及効果が含まれない自己開示メッセージは、単なる常識論や、他者評価メッセージになることが多いのです。

先日、ある企業の部長さんから「衛藤先生、遅刻は良くないですよね」という質問をされました。そこで私は、「それじゃ部長さん、遅刻はなぜいけないんですか？」と聞いてみました。すると部長さんは驚いた表情で、「当たり前ですよ、常識ですよ常識」と答えられたのです。

しかし、ちょっと考えてみてください。なぜ遅刻はいけないのでしょうか。常識だからいけないのでしょうか。遅刻はいけない、当たり前。そんな「常識」の上にあぐらをかいてはいないでしょうか。ですから、そんな上司の方には、さらにこんなことを聞いてみるのです。

「一度、遅刻の多い社員一〇〇人を集めて話を聞いてみましょうか？ 遅刻は良いことですか、それとも悪いことですか、と」

遅刻が悪いことくらい、小学生でも知っています。まして、企業で働いている大人なら誰でも分かっています。それでも遅刻をする人がいるということは、遅刻をしたときの「悪い波及効果」が理解されていないからです。遅刻をすると、会社の中で誰がどのように困るのかが、分かっていないからではないでしょうか。部下を指導するときに、常識というあいまいな理屈で片づけているため、具体的にどのようなマイナスの影響があるのかが伝わっていないのです。

ですから、遅刻がいけないと主張される上司の方には、「なぜ遅刻が良くないのか」について、まず自分で整理していただくことをお願いしています。

「全員揃わないと朝礼が始まらない」「他の社員の士気に影響する」など、一つや二つ程度ならすぐに出てくるでしょう。しかし、絶対に守らないといけない重要なルールなら、最低二〇や三〇くらいは出すべきです。

私がこのように申し上げると、「そうですね。遅刻の悪影響について、ここまで真剣に考えたことなかったですよ」と必ず言われます。真剣に考えていないことを部下に強制し、部下に変わってほしいと思っている。上司の立場から、具体的にこのように困るのだということが伝わっていない。伝わっていないからすぐ遅刻をする。ここに最大の問題があるのです。

現代社会は、多くの「常識」の上に成り立っています。ですから私たちは、すぐその「常識」の上に、あぐらをかいてしまいます。そのほうが考えなくてすみますからラクなのです。「言わなくても分かる。なぜなら、それは常識だから」。そんな、あぐらをかいた思い込みが、上司と部下の間にすれ違いを起こすのです。

「素直な心情」を伝える

三番目に「素直な心情」についてのポイントです。それはさきほど説明した「第一感情を素直に伝える」ということです。

怒りの感情を抱くと、ついつい相手を責めたくなります。しかしその前には、「自分はこういうことを期待している」という思いがあるのです。それを伝えることが救助の自己開示メッセージのポイントでした。そして、第一感情を伝えるときには、非難がましくなく、相手に「ＨＥＬＰ ＭＥ」という思いで伝えることが、効果的なメッセージをつくるコツです。「いま私は、このようなことで困っているんだ、助けて」、そんな素直な気持ちを伝えるということです。

また、感謝の自己開示メッセージでも、「うれしい」「助かった」などの素直な気持ちを、相手にしっかり伝えてください。

4 本音をさらけ出す勇気を持っているか

正直な気持ちを隠したいという思い

自己開示メッセージの効果については、イメージを持つことができたかと思います。ただ、いざ実践となると、そうそう思い通りには行かないかもしれません。

その大きな原因の一つは「自分の正直な気持ちを隠したい」という思いです。自己開示メッセージを効果的に使うためには、自分の本音を語らなければなりません。「助けて」という救助の自己開示メッセージは、とくにそうです。

以前も、あるメーカーの営業課長さんから、「自己開示メッセージの理屈は分かりましたが、現場では使えませんね」というご意見をいただきました。

そこで私は、その営業課長さんが、なぜ現場で自己開示メッセージを使おうとしないのか、じっくり話を聴いてみました。

話を聴いていくうちに分かったことですが、実はその課長さんは「事務をやっている女性社員に陰口をたたかれている」という悩みを持っていました。給湯室で、営業成績があがらない自分や、自分の課のことを、面白おかしく批判するような発言を聞いたのだそうです。プライドの高いその課長さんはとてもショックを受けたようで、オフィスにいるときには、事務をしている女性社員たちのことが気になって仕方がないのです。

だから、何とか営業成績をあげたい。しかし、部下はどうも営業活動に身が入っていない。いつも厳しく指示を出しても、返事ばかりでまったく効果がない。

そこで、部下に対して、自分の素直な気持ちを「自己開示メッセージ」で伝えようと思ったのだそうです。でもその課長さんは、「やはり使えない」とおっしゃいます。

「どうしてですか?」と質問すると、こんな答えが返ってきました。

「厳しい課長として通っている私が、そんな弱みを見せられるわけがない。営業成績が伸びずに、こんなにも悩んでいることを知られるのは嫌だし、事務の女性社員たちに気を使ってビクビクしていることなど知られたら、部下は自分を見下し、つけあがるでしょう」

それで私は、「いままで、自分の正直な気持ちを部下に伝えて、見下されたことがあるんですか?」と聞くと、「そんなものはない」とおっしゃいます。そんなことは自分のプライドが許さないのだそうです。

「あいつらは、とにかくダメな奴らだ。いつも私の弱みを見つけようとしている。私が困るように、わざと営業成績を落としているに違いない」

どうやら、「正直な気持ちを見せたら部下はなめてかかる」と、部下を見限っている様子です。部下にも、そんな上司の気持ちは何となく分かりますから、「自分たちを見限るような上司を助けたくはない」と思っているのかもしれません。

「自分の本音を言ったら、見下される」と思っている上司は多いです。「部下に弱みを見せたら負けですよ」という管理職にもよく出会います。上司と部下で、勝ち負けの勝負をしているのです。同じ組織のメンバーなのに、良い人間関係を築き、楽しく仕事をすることよりも、部下との勝負に勝ちたいと思う上司。こういう上司が、実はとても多いのです。けれども、自分の本音をさらけ出すことで、部下との信頼関係は本当に崩れ去ってしまうのでしょうか。なぜ、そんな弱い信頼関係しか築けないのでしょうか。

自分の本音は教えたくない。でも、部下の本音は探りたい。探りたいけど分からないからビクビクしないとならない。内心でおびえているから、権力で部下を押さえ込もうとしている。こんな上司の下で働く部下は、かわいそうです。

心のドアは内側からしか開かない

「心のドアの取っ手は、内側にしか付いていない」と言われます。

どんなに外からこじ開けようとしても、取っ手は内側にあるわけですから、外からは開けることができないのです。

部下の心のドアの取っ手も内側に付いています。それを開くためには、部下に内側から開けてもらうしかありません。そのためには、開けてほしい上司が、まず自分からドアを開けることです。まず自分から心のドアを開けること、これが真の信頼関係を築いていく第一歩になります。

上司といっても人間です。完璧な人間など一人も存在しません。時には傷つき、落ち込み、不安になり、がっかりするのが人間です。

ところが、組織で立場が上になればなるほど、「自分をより完璧に見せたい。部下の目からは絶対に正しく、愚かさや欠点を持たない人間として見られたい」という心理が働いてしまうようです。

多くの上司が「自分の人間らしいところを部下の目に触れさせること」よりも、「自分の感情を隠し、権力を使った表現で部下に一方的な指示を出すこと」のほうがすぐれたリーダーだと感じています。

誰でも、本音をさらけ出すことは怖いものです。さらけ出した自分の内面を否定されたり、バカにされることが、自分の心を強く傷つけてしまうことを知っているからです。

しかし、だからこそ、内面を出すことが大切なのです。なぜなら、本音の気持ちをさらけ出そうとする勇気が、相手にも分かるからです。

自分の心が傷つくことを覚悟で、それでも必死で伝えようとする思い、それが相手にも伝わるのです。

本音の思いは共感を呼びます。誰だって、職場で陰口を言われることは嫌なものです。それは「管理職である」とか「厳しい課長で通っている」などの、課長の個人的な価値観を超えた気持ちです。その課の人間なら誰でも共有できる感情なのです。

実際、その課長さんは勇気を出して自分の正直な気持ちを部下に伝えたそうです。

「すまん、俺は一人では何もできない弱い人間なんだ。君たちの力が必要なんだ。助けてくれ。自分の弱さを隠そう隠そうと必死だった。笑うかもしれないが聞いてくれ、実は……」

ということを、課の会議のときに話されたそうです。笑ったり見下したりするような部下は一人もいませんでした。

「課長は強いです。僕たちは課長のその強さに甘えていたのかもしれません。結局最後は課長が何とかしてくれるだろうと甘えていたんです。そして課長が怖かった。課長から叱られることで、自信を失ってしまうことが怖かったんだと思います」

そんな言葉が返ってきたそうです。その課は次の年、会社でトップの営業成績を残しました。

本音をさらけ出す勇気。これが自己開示メッセージを行なううえで、一番大切なことなのだと思います。これは技術ではありません。心のあり方の問題です。

勇気を持って「上司のあるがままの姿」をさらけ出すことで、部下は上司を理解し、信頼しようとします。なぜなら、強い勇気を持っていることが、部下に伝わるのですから。

そして部下も、自分のあるがままの姿を上司に示そうとします。

お互いに偽らない関係、上司と部下ができるだけオープンになれる人間関係が、職場から対人関係のストレスを消し去っていく処方箋になるのです。

5 自己開示メッセージの補足と注意点

アクティブリスニングへの切り替え

自己開示メッセージを効果的に行なうために、いくつか注意点を述べておきます。

最初のポイントは「切り替え」という考え方です。

自己開示メッセージ、とくに「救助の自己開示メッセージ」を使った後は、自己開示メッセージからアクティブリスニングに意識をチェンジし、相手の言い分を聴くという考え方です。これは自己開示メッセージを使うときの鉄則です。

救助の自己開示メッセージを言われたほうは、「えっ、そんなこと思っていたんですか」「僕の行動がそんなに迷惑をかけていたんですか」と必ず驚きます。そして自分の言い分を主張したり、言い訳をしてきます。

たとえば、「君がレポートを遅れて提出したので、会議を始めることができずに、困ったぞ」と、あなたが困った状況を伝えたとします。それを伝えられた部下は、「すみません。いや、実はコピーの調子が悪くて」といった言い訳をしてきます。そのときにやってはいけないのが、言い訳に対してさらに自己開示メッセージで返すことです。

「そうは言っても、会議に遅れて皆が迷惑したのは事実だし、本当に困っていたんだ」などと言ってしまったら、部下は何も言い返すことができなくなり、ただ落ち込むばかりです。

大切なのは、部下を落ち込ませることでも、自信を失わせることでもありません。部下に反省をうながしながら、ミスが起こらないような方法を部下自身に考えてもらい、解決策に気づいてもらうことです。

そのためには、救助の自己開示メッセージの後に、アクティブリスニングへの切り替えが必要になるのです。

「すみません。いや、実はコピーの調子が悪くて」と言ってきた部下に対して、「そうか、実はコピーの調子が悪くて、それで会議までに書類が上がらなかったんだね」と聞き返してあげれば、「そうなんです。コピーの調子さえいつも通りなら、会議の時間には間に合ったんです」と反省しながら、さらに一生懸命、自分の立場を守るための言い訳をしてくるかもしれません。

その言い訳に対しても、「なるほど、今後はこのようなことがないように心がけようとしているんだね」と返してあげれば、「そうです。今度からは、会議の前にはコピーの調子をしっかり確認しておくようにします」などと自分で自分を修正しようとします。そうなれば、「分かった、これからはよろしく頼むよ」と、これで終わりです。

相手に対して伝えるべきことを伝えたら、今度は相手の言い訳を聴いていただきたいのです。誰も進んでミスをしようとは思っていません。ミスを犯した何らかの理由があるでしょうし、自分の立場も主張したいと思うものです。それを聴いてあげてください。

自分を見つめさせる時間を与える

救助の自己開示メッセージは、こちらの置かれている状態を伝え、相手がそれまで気づいていなかった改善点に焦点をあてるメッセージです。自分を否定されるようなメッセージを受け取った相手は、なかなか素直に変わろうとせず、自己開示メッセージに抵抗しようとするでしょう。このとき、さきほどの「切り替え」とともに必要なのが、「相手に自分自身について見つめてもらい、考える時間を与える」ということです。

救助の自己開示メッセージを送れば、相手はすぐ変わると思うのは大きな誤りです。

「わかった?」

「で、君はどうしてくれるの?」

「当然すぐ変わってくれるよね」

これでは、相手の行動を強制的に変えようとする権力型のメッセージと何ら変わりないものとなってしまいます。

相手が自分自身に問いかけ、納得し、気づきが起こるまで見守ってください。信じて待つという行為は、相手を信頼しているという姿勢の表れになります。

伝えるタイミングをつかむ

次に、自己開示メッセージを伝えるタイミングについてです。

たとえば、私も「腹が立っている！」などの怒りの感情を相手にぶつけてしまうことがあります。大切なのは、その後に「しまった、感情だけ伝えてしまった」と反省することです。そして、自分はなぜ腹が立っているのだろうと考えてみることです。そうすると怒りの原因に気づきます。

「そうか、ここで腹が立ったのは、あの部下に対してこのようになってほしいと思っていたんだ。部下に期待があったんだ。期待通りにならなかったから怒っているんだな」

それを気づいたときに、相手に伝えます。気づくのに時間がかかり、何日か後になってしまうかもしれません。それでもいいのです。ぜひ相手に伝えてあげてください。

「ごめん、この前『腹が立った！』と言ってしまったけど、実は君に対するこのような期待があったからなんだ。その期待に応えてくれなかったとき、僕は驚いて、とてもがっかりしてしまったんだ」

すると相手も「そうだったんですか、よく分かりました。じゃ今度はその期待に応えるために頑張りますから」というように前向きになるかもしれません。

人間ですから、誰しも怒りの感情が出てしまうときがあるでしょう。しかし、その感情がなぜ出たのかを考えるクセをつけ、怒った理由が分かったら、それを相手に告げてあげること。これが人間関係を良好に保っていくうえで大切になります。

高すぎるハードルをつくらない

自己開示メッセージの伝え方とともに、伝える内容にも注意が必要です。

ぜひ心がけていただきたいのは「部下の力量に合わせたハードル設定」です。つまり、部下の良いところが引き出せるような目標を提示してあげるということです。

自己開示メッセージで、自分の正直な気持ちや影響を伝えても、部下の力量に比べて遙かに高いレベルの要求をしてしまえば、その要求が実現されないのは当然のことです。人はいきなり高い目標を設定されてしまうと、目標の大きさにまいってしまい、どう対処すればよいか分からなくなってしまうものです。

もう一つ注意が必要なのは、上手くできなかった部下への対応です。「できなかった」という結果だけに焦点をあて、何度もそれを告げてしまう。告げられた部下のほうには、「僕はできない人間なんだ」というイメージが入ってしまいます。

くり返し悪いイメージを与えることで、その人が暗示通りになっていく現象を「マイナス暗示効果」と言います。

相手のダメなところに焦点をあてて、「おまえはダメだ」と言い続けると、その人はつねに、自分のダメなところや、できないところに意識を向けてしまいます。すると、無意識に「私はダメなんだ」と思ってしまうのです。ですから、ますます失敗しやすくなる。失敗が続けばさらに自信を失くし、自分が何の価値もない人間であるかのように思い込んでしまいます。

部下がミスをしたときには、それを受け入れる態度が必要です。

ここで言う「受け入れる」とは、安易に相手のミスを許すということではありません。上司自ら、ミスが発生したという事実を客観的に受け止め、次にミスが起こらない方法を前向きに考えるのです。

ミスが発生したときに、そのミスを受け入れることができずに「拒否したい」「受け入れたくない」と思うからこそ、部下に対してさらに高いハードルを要求してしまったり、「とにかく何とかしろ！」などの具体性に欠けた指示しかできなくなってしまうのです。

ミスはミスとして、まず受け入れる。受け入れると、次にどのような対応が望ましいのかといった冷静な判断ができます。これが、より良いアドバイスや自己開示メッセージを行なうための重要なポイントです。

第4章

「問題解決」の心理学

――意見の対立からベストアンサーを導く

第1章 どうすれば部下は動くのか
権力から魅力へのリーダーシップ

第2章 「聴き方」の心理学
部下の心を理解し、能力を引き出す

第3章 「伝え方」の心理学
部下が自ら動き出す自己主張の技術

第4章 「問題解決」の心理学
意見の対立からベストアンサーを導く

第5章 「価値観」の心理学
部下に組織の価値観と常識を指導する

第6章 勇気と行動がオフィスを変える
明日から始める魅力型リーダーシップ

【ハーフアンサー法】

この章では、上司と部下の意見が対立し、部下がスムーズに行動に移さない場合に、より良い問題解決を導く方法をマスターします。職場で意見の対立が起こると、上司はクセのように権力を行使しますが、これでは逆効果です。

対立には、人間関係の「破壊」と「理解」が同時に存在します。対立する部下を協力者に変える「ハーフアンサー法」は、組織の中の消極的な社員集団を、アイデアあふれる積極的な人材に変身させる技術なのです。

ここでは「ハーフアンサー法」の具体的な事例を交えて、部下との関係を改善し、ベストアンサーにつなげるプロセスを学びます。このやり方は「個人」だけでなく「集団会議」にも応用できます。

この章では「部下と意見が対立したときの対応」について述べていきます。

部下との間に生じた問題を解決し、部下の能力を引き出す方法として、これまで「非指示的な聴き方」「自己開示メッセージ」という二つの技術を紹介しました。

相手の考えをしっかり理解する、自分の考えを相手にしっかり伝える、このような対応だけでも、多くのトラブルが解消されていきます。ただ、発生する問題の中には、お互いが理解し合うだけでは解決できない問題もあります。それが第3章の冒頭で述べた「言いたいことは理解できるが、意見が対立している」という状況です。

部下にも強い要求があって、上司の期待通りには変われないようなケース。たとえば、「休日を利用して家族で旅行をしよう」と考えていた部下と、「重要な打ち合わせがあるから休日出勤をしてほしい」と思う上司、のようなケースです。

上司からみると、部下が会社に来なければ「重要なプロジェクトの進行に支障を来たしてしまう」という不都合が生じます。一方、部下からみると、上司の言う通りに出社すれば「数カ月前から家族が楽しみにしていた旅行をキャンセルしなくてはならない」という不都合が生じます。

この場合、お互いに譲りたくない状況が発生しているため、理解し合うかたちでの問題解決は難しくなります。

第4章では、そのような状況を解決する手法として「ハーフアンサー法」という技術を紹介します。この技術を使う際の一番のポイントは、自分と意見が対立している部下は、「対立者」ではなく、共に問題を解決に導くための「協力者」だということです。

「対立者」という発想からは、権力型のメッセージが生まれます。それは、頭ごなしに部下の考えや行動を押さえつけ、部下の成長の機会を奪ってしまう対応でした。

これに対し、「協力者」という発想を持つことで、上司と部下は、共に問題解決のプロセスを歩んでいくことができます。そのため、部下に問題解決の機会を与えますし、共に考え出した答えは両者の納得を生み、部下の行動をより積極的にしていくのです。

1 「ハーフアンサー法」による解決事例

人が対立するからくり

上司の考えは理解できるし、人間関係も良好なのに、上司の指示に従えない。それは、上司の指示を聞き入れることによって、部下が何らかの問題を抱えてしまう場合です。実際にオフィスで起こった例を取り上げてみましょう。

ある企業のお客様センターでの出来事です。お客様センターに所属するAさんは、お客様からの問い合わせに対して返事の手紙を書いたり、商品紹介の案内状などを作成・発送する業務を行なっていました。

ある日、上司とAさんの間に意見の対立が生まれました。

上司の不満は、Aさんがお礼状や案内状をすべてワープロで打ってしまうことでした。ワープロ打ちでは、お得意様に対して誠意が伝わらない。そう思った上司は、Aさんに予防の自己開示メッセージで伝えました。

「お得意様に出す手紙は、こちらの情熱や誠意が伝わることが大切だから、それを最優先で考えて行動してほしいんだ。お客様への真心が伝わらなければ、君たちの日頃の努力が無駄になるようで不安だからね」

ところが、Aさんは手書きの文字にあまり自信がありません。そのため、上司からのメッセージに対し、今度は手紙にデザイン文字を取り入れたり、風景画のおしゃれな便箋を使って補おうとしたのです。

これを見た上司は、

「これからは、業務書類に関してはいままで通りワープロでもいいが、お礼の手紙については、こちらの誠意が伝わるように手書きで出してくれ」

と再度指示を出します。一見立派な解決のように思われます。ただ、これは上司の立場からの問題解決策であって、部下の立場からの解決策にはなっていません。なぜなら、Aさんは字があまりきれいではないという問題を、依然抱えたままなのですから。

部下を問題解決の協力者に変える

この上司は、さきほどの指示の後にハーフアンサー法を思い出し、部下に対するメッセージを次のように変えました。

「以前、お客様への手紙は、誠意を伝えることを最優先で考えてほしいとお願いしたよね。ワープロの手紙では、相手に誠意が伝わらないようで心配なんだ。これは君を責めているわけではないいんだよ。まず、手紙についての君の率直な意見を聞きたいんだ」

このように、自分と「対立状態」にある人に「協力者」になってもらうためには、協力への強い呼びかけが大切です。

「君を責めているんじゃないよ」「分かり合いたいだけなんだよ」「こちらの不安を解消したいんだ」「何か方法があれば教えてくれないか」「君の立場を正直に語ってくれれば嬉しいのだが」というやさしい問いかけが必要です。

すると部下のAさんからも意見が出てきます。

「僕も、お客様に誠意をお伝えすることが、手紙の目的だと思います。それがワープロの手紙であっても、見やすく分かりやすく工夫していれば、こちらの誠意は伝わると思っているのですが……」

「君はワープロでいろいろと工夫をこらしているのかい？」

「そうです。絵文字や、その他の機能もできるかぎり取り入れています。それに便箋にもいろいろ気を使っているのですが……」

「そうだったのか、知らなかったよ。いろいろ気を使っていたんだね」

「それなりの努力はしています。ただ、誠意という点では完璧とまではいきませんが」

「完璧ではないと思うところもあるんだね？」

「そうなんです。私も字がうまければ、手書きでもっと個性的な手紙を書いたほうがいいとは思っていますけど……」

「字を書くのが苦手だったから、ワープロで一生懸命に工夫をしてたんだね。そこが君の苦労していたところなんだ」

まず、このように「非指示的な聴き方」をすることで、上司は、Aさんが手書きの文字に自信がなくて課題を抱えている点、手書きの手紙のほうがより誠意を伝えられると考えている点が分かりました。続いて、その上司は、Aさんに問題解決の協力者になってもらうための自己開示メッセージを伝えました。

「どうだろう。私としてはお客様への手紙は、手書きのほうが思いや誠意が伝わると思うんだ。君もそれには同意してくれるかね」

「はい、そう思います」

「もし、君が字を書くのが得意でないことが問題なら、それを改善する何か良い方法はないかな。一緒に考えてくれないか」

このように、一緒に問題を解決するように誘いかけることで、部下の中には、自分が「対立者」ではなく「協力者」なのだという心の変化が生まれます。

続いて、問題解決のためのアイデアを上司と部下で出し合います。

「字の教室に部下が習いに行く」「字のきれいな同僚に代筆を依頼する」「手紙は誠意なので、自信がなくても自筆で書く」「いままで通りにワープロで打って、さらに工夫を加える」、そのような意見が多数出てきました。

そして二人は、出されたアイデアを検討し、解決策として「同僚に代筆を依頼する」という案を選びました。字の教室に行くには時間と費用がかかりすぎるし、ワープロ文書ではこれ以上の工夫は期待できない、などの検討を行なった結果でした。

この時点で上司は、

「代筆を依頼することは、『お客様に対して誠意を伝える』という目的を達成するための手段であって、決して、字を書くことを得意としない君を否定したものではないよ」

と、自己開示メッセージで部下の心理的なフォローを行なえば完璧になります。

次に、その解決策をよりスムーズに実行するための方法も、部下と一緒に考えます。「字のきれいなB君に頼みなさい」と上司が実施手順を一方的に与えてしまえば、部下の問題解決能力や創造性を奪うことを、この上司はよく知っているからです。

この実行アイデアについても、複数の案が出てきました。

「社内文書を何人かに書いてもらって、字の上手さを確認する」「字が上手い人が誰かを、社内でヒアリングする」「報酬を出して公募する」……。

そして、社内で何人かにヒアリングを行ない、候補を数人選び、お願いできるかどうかの交渉をしてまわるという案が採用されました。

上司はAさんに、その解決策にも何か問題点があるかもしれないが、まず行動してみることをうながしました。実際に動いてみると、軌道修正をしなければならない点がいくつか分かってきます。代筆候補の社員が休んでいたり、外出しているときの対応が必要だということです。

これらの問題も、スケジュールの事前確認と根回しなどで対応が図られ、その結果、お客様に誠意を伝えられる「手書きの手紙を書くしくみ」ができあがりました。

このような一連のプロセスが「ハーフアンサー法」です。手書きの手紙を書かない部下に対して、頭ごなしに手書きを指示するのではなく、まずどこに問題があるのかを明確にし、部下を問題解決の協力者にして、共に解決へのプロセスを歩んでいくという方法です。

最初に導き出される解決策には、若干の問題点が含まれているかもしれません。ただ、初めから完璧な答え（ベストアンサー）を見つけ出そうとすると、考えが堂々巡りしてテしまうことが少なくありません。

ですから、完璧ではなくとも、解決できそうな魅力を持った答え（ハーフアンサー）を考えたら、行動しながら軌道修正をくり返し、徐々に完璧な答えに近づけていこうとする試みが、非常に有効なのです。

2 ハーフアンサー法の「六つのプロセス」

さて、ハーフアンサー法のプロセスをここで整理しておきましょう。上司とAさんの事例で取り上げたように、ハーフアンサー法には次の六つのプロセスがあります。

【ハーフアンサー法のプロセス】

①問題点の整理
②協力者への誘いかけ
③ブレーンストーミング
④ハーフアンサーを出す
⑤まず実行してみる
⑥ベストアンサーに近づける

第一のプロセス「問題点の整理」

ハーフアンサー法のプロセスの第一番目は、意見が対立したら、まず問題点を明確にするということです。

そのために大切なのは、意見の対立、つまり異なった意見や考え方を敵対視せず、逆に歓迎するくらいの心の余裕を持つことです。意見が対立するということは、自分と異なる考え方に触れるチャンスですし、相手と理解を深めるきっかけにもなります。何よりも、部下が問題解決のプロセスを学ぶ良い機会になるのですから。

問題点を明らかにしたら、次に、意見が対立した原因を探します。目指している目標そのものが違うのか、それとも相手が誤った理解をしているのか、相手にも譲れない都合があるのか、などを整理していきます。

そのためには、まず自己開示メッセージで「自分が何を望んでいるか」「どうなることが不安なのか」を部下にていねいに伝えるとともに、部下の正直な気持ちを知りたいのだという思いを伝えます。

「私は○○のように思うんだが、そうすると君にも不安なことや不都合が起こるのかもしれない。それを教えてほしい。その問題を一緒に考えれば、きっとお互いに納得のいく解決策が見つかると思うんだ。だから、君の正直な気持ちをぜひ聴かせてくれないか」

このとき、上司は誠意を持って相手に語りかけることが大切です。「非指示的な聴き方」で、どこについては共通認識を持てているのか、どこに考え方のギャップが生じているのかを、一つひとつ確認しながら聴いていくのです。

たとえば、「休日を利用して家族と旅行しよう」と考えていた部下と、「重要なプロジェクトの打ち合わせのために、休日出勤してもらおう」と考えていた上司。

対立点だけを見ていると、「休日出勤するか」「休日出勤しないか」だけに焦点があたってしまいます。これでは話は前に進みません。ここで確認すべき点は、部下には、家族旅行に行くことで家族に喜んでもらいたいという気持ちがあり、上司には、プロジェクトを失敗したくないという気持ちがあるということです。

つまり、上司としては、プロジェクトが上手くいけば、部下が旅行に行くのは大賛成なのです。部下も、プロジェクトを成功させたいという気持ちは当然持っているのです。このことを、まず確認することが大切です。

これによって、「休日出勤するか」「休日出勤しないか」という二者択一の考え方のワクが外れ、「プロジェクトを成功させ、家族サービスを実現させる」ことが可能な解決策を導くのが、真の目標であると確認できるのです。

第二のプロセス「協力者への誘いかけ」

ハーフアンサー法のプロセスの第二番目は、共通の目的や、明確になった問題点を確認し、相手に問題解決の協力者になってもらうためのメッセージを送るということです。

「私たちの共通の目的は、このようなことだったよね。そして、この部分が問題になっていることが整理できた。だから、この問題を解決していくための方法を、君と協力して見つけていきたいんだ」

このように語りかけてみることです。「君とは対立したくないし、権力は使いたくないんだ」というメッセージを部下に伝えることが大切です。

意見が対立したとき、部下は「対立者」ではなく、問題解決の「協力者」です。ですから、

「君を責めているんじゃないよ」

「こちらの不安を解消したいんだ」

「なにか方法があれば教えてくれないか」

このような語りかけがまず必要になるのです。そうすると、部下も、責められるのではないかという防衛心が外れ、協力者になるための意識が高まっていきます。

第三のプロセス「ブレーンストーミング」

ハーフアンサー法のプロセスの第三番目は、上司と部下が協力して、問題解決のためのアイデアを出し合うということです。

アイデアをいかに多く出せるかが、より良いハーフアンサーを見つけるカギです。アイデアをたくさん見つけるためには固定観念、先入観にとらわれない柔軟なものの考え方が必要です。こんなときによく使われるのが「ブレーンストーミング法」です。

広告代理店の副社長をしていたアレックス・オズボーンが考え出した「ブレーンストーミング法」とは、複数の人たちが自由にアイデアを出し合うことによって、より良い解決策を見つけようとするものです。基本的なルールは次の五点です。

【ブレーンストーミングのルール】

①自由な雰囲気をつくる
②アイデアの「質」より「数」を重視する
③現実的でないと思われるアイデアも、思いついたらすぐに言う
④ブレーンストーミングの最中は、アイデアの「良い」「悪い」を評価しない
⑤相手のアイデアを膨らませるような発言も歓迎する

アイデアが出なくなる原因は「私がこんな意見を言ったら、怒られるのではないか」「こんな意見、つまらないから言わないでおこう」などの考えです。そんな思いを増長させるのが、出された意見への批判です。

「こんな非現実的なアイデアではなく、もっと現実的なものを出してくれよ」

「なるほどね。でもね、そのアイデアにはこのような欠点があるよ」

どんな意見も、それがアイデアであるうちは、不備な点があるのは当然です。しかし、そのアイデアを他のアイデアと結合させたり、アイデアを膨らませていくことによって、現実的で有効な対策が導き出されることが多いのです。

出てきたアイデアを評価なしに、次々に記録してください。部下のアイデアを楽しんで傾聴してください。「協力者」であることを自覚した部下は、自分の欲求を通すためではなく、上司の希望も叶えられるようにアイデアを出そうとしているのですから。

さきほどの事例で言えば、このようなアイデアが出てくるかもしれません。

- 打ち合わせの内容を事前にまとめ、電話で打ち合わせができるように工夫する
- プロジェクトの内容に詳しい同僚が、代わりに打ち合わせに参加する
- プロジェクトが上手くいくための方法を、休日中にお互いがまとめておく

・打ち合わせの時間を、平日の早朝か、深夜にできないかを考える
・家族旅行を変更して、家族に喜んでもらえる他のアイデア（特別賞与、プレゼント、プロジェクト祝賀パーティへの家族招待など）を上司と一緒に考える

このように、楽しみながらアイデアを出すことにより、お互いの信頼感が高まり、結束力が強まります。お互いの立場が理解できれば、「ここは俺が折れよう」という気持ちが不思議と起こるものです。

そこで決定した内容は、それが上司寄りであっても、部下寄りであっても、強制で従わせるのとは違った充実感が味わえます。決定したアイデアをスムーズに実行するために、部下は協力を惜しまないことでしょう。なぜなら、プロセスに深く関わることにより、上司と部下の立場の違いや、相手の心情が深く理解できるようになるからです。

第四のプロセス「ハーフアンサーを出す」

ハーフアンサー法のプロセスの第四番目は、アイデアの中から、より良いハーフアンサーを見つけるということです。

完璧な答え（ベストアンサー）ではないが、解決できそうな魅力を持った答えをハーフ

アンサーと言いました。初めからベストアンサーを見つけられれば、それに越したことはありませんが、すべての問題を解決できる魔法のようなアイデアはなかなか見つからないのが現実です。ですから、考えられる範囲で最も有効そうな案でまずは動きはじめようというのがハーフアンサーの基本的な考え方です。

ハーフアンサーを選ぶ際、参考にしてほしい考え方として、「ヤマアラシのジレンマ」というたとえ話を紹介します。

全身が針で覆われたヤマアラシ。そんな二匹のヤマアラシが、雪山の中で寒さに震えています。お互いの体温で体を温め合おうとしますが、相手の針が自分の肌にささります。近づきすぎると、相手の針が刺さって痛い。遠ざかりすぎると、温もりが感じられずに寒さに震える。この二匹のヤマアラシは、どうすれば痛い思いをしなくてすむのでしょうか。どうすれば、お互いに温め合うことができるのでしょうか。

その答えは「『最大限の温もり』と『最小限の痛み』があるような、相手との距離を探すことである」と言われています。

自分が温もりを得たいのなら、ある程度の痛みは我慢しなければならない。試行錯誤をくり返しながら、つまり相手とコミュニケーションをとりながら、お互いに納得できるような距離を探すのが一番の解決策です。

相手と意見が対立した場合、もし自分が上司という立場であれば、一番ラクなのは、自分の欲求を実現するために、対立する相手の欲求を押さえ込むことです。「ヤマアラシのジレンマ」の例で言えば、「自分が温もりを得たいために、相手の針を折り、自分の針を相手に刺しながら近づいていく」ようなものです。これでは、たしかに自分は痛みを感じませんが、相手との関係は悪化してしまいます。

ですから、対立が発生した場合には「『最大限の温もり』と『最小限の痛み』があるような、相手との距離を探す」という解決策、つまり、どちらかが勝ったり負けたりという解決法ではなく、お互いのために最良の解決策を探すことが、実は一番の方法なのです。

これがハーフアンサーを選ぶ際に心がけていただきたい考え方です。

第五のプロセス「まず実行してみる」

ハーフアンサー法のプロセスの第五番目は、導き出されたハーフアンサーを、まずは実行に移してみるということです。

どんなにすぐれた案に思えても、いざ実行してみると何らかの問題点が見つかるものです。机の上で考えた解決策で、すべてが完璧に対応できる案など、ほとんどありえません。

ですから、まず実行してみる。そして、上手くいった点と問題点を記録し、問題点については一つひとつ検証していく。このような取り組みが、ハーフアンサーをベストアンサーに近づけていくのです。

第六のプロセス「ベストアンサーに近づける」

ハーフアンサー法のプロセスの第六番目は、実行することで見つかった問題点を整理し、よりベストアンサーに近づけるよう、軌道修正を図っていくということです。

実行した結果、具体的な問題点が発生したら、部下と一緒に再度検討を加えていけばよいのです。ベストアンサーをつくるためには、試行錯誤が不可欠なのですから。

以上が「ハーフアンサー法」の六つのプロセスです。

このときに上司が心がけるべき態度は、「ハイサポート、ローコントロール」です。

強引に解決策を押し付け、部下の考えるチャンスを奪う「ローサポート、ハイコントロール」ではありません。また、部下に遠慮をして問題解決をすべて部下にまかせてしまう「ローサポート、ローコントロール」でもありません。

お互いのより良い解決策を部下と一緒に考えていくことが、有能な上司の心理テクニックですし、部下の能力を伸ばしていく上司の務めなのです。

そうすることで、部下は自分で問題解決をする能力と喜びを身につけることができます。上司の役割とは、より良い目的遂行と有能な部下を育てることです。もし上司が簡単に解決策を出してしまえば、創造的なアイデアの芽はつまれ、部下が育つチャンスも失われます。

上司の経験と部下のアイデアが結びついたほうが、より視野の広い、効果的な解決になるものです。そして部下が育つためには、部下が自分自身で考えられるように上司が上手くサポートすることが必要になります。

「急がば回れ」の言葉通り、このような問題解決は次のような効果を生みます。

- 強引に押しつけた解決策のように、部下から「ワンマン上司」だと反感を買われることがない
- 納得できない指示に比べて、部下の抵抗がもたらす業務の遅れやミスを防ぐことができる
- 有能な部下を育てることで、将来的に、上司自身の仕事がラクになる

3 集団におけるハーフアンサー法の活用

このようなハーフアンサー法は、上司と部下のような「個人と個人」の対立だけではなく、「集団」の意見調整にも有効です。

問題解決を進める基本的な手順は、個人間のハーフアンサー法と同じですが、集団の意見調整を進める場合には、以下のような会議形式をとります。

【集団のハーフアンサー法】

①問題整理会議
②ブレーンストーミング会議
③ハーフアンサー会議
④実行計画会議
⑤経過確認会議

集団のハーフアンサー法の場合、とくに重要となるのは、①〜⑤のように、ミーティングのテーマを決め、一度にすべてのミーティングを行なうのではなく、各プロセスごとに日時を変えてミーティングを実施するということです。

第一のプロセス「問題整理会議」

この会議の目的は、解決すべき焦点を明確にするということです。

会議が上手くいかない最大の要因は、会議の論点が明確になっていないことだと言われます。議論が白熱しはじめると、話が次から次へと横道にそれてしまうことが少なくありません。また、悪者探しをしたり、改善できない理由をあげはじめると、議論が堂々巡りにおちいり、収拾がつかなくなることもよくあります。

このような会議になってしまう最大の原因は、解決すべき焦点が定まっていないことです。そのため、元の道に戻れなくなってしまうのです。会議を始める前には、その会議の目的や、会議で達成すべき目標を明らかにしておくことが大切です。

これらを明確にするために「参加メンバーが認識している課題を整理する」「課題の優先順位を明確にする」「複数の課題がどのように結びついているのかを確認する」などの取り組みを事前に行なうことです。これが問題整理会議です。全員で集まるよりも、主要なメンバーのみで実施すると、意見がまとまりやすくなります。

また、ここで整理された事柄は、分かりやすい言葉で文書化し、メンバーに配布するとよいでしょう。そうすることで、解決すべき焦点についての共通認識が持てるようになります。

第二のプロセス「ブレーンストーミング会議」

この会議の目的は、選択肢の幅を広げるということです。

問題整理会議で確認できた問題点について、解決策を見出すためのアイデアをブレーンストーミングで可能な限り広げていきます。

このブレーンストーミング会議は、議題となるテーマの設定が非常に重要になります。

たとえば、「自社の売上をいかに伸ばすか」などは、テーマが大きすぎるため、なかなか意見が出なかったり、抽象的な意見ばかりになってしまいます。

そのため、「売上を伸ばせるような告知方法には、どのようなものが考えられるか」など、テーマの絞り込みが必要になるわけです。このテーマの絞り込みを行なうことも、第一のプロセス「問題整理会議」における重要な目標の一つです。

また、斬新な案をより多く出したいのであれば、ユニークなテーマ設定をしてみても良いでしょう。「一度来店したら一生忘れられない接客サービスとは?」、このようなテーマのブレーンストーミング会議であれば、会議も盛り上がり、活発な意見が出やすくなります。

第三のプロセス「ハーフアンサー会議」

この会議の目的は、広げた選択肢を評価し、絞り込むということです。

この会議は、ブレーンストーミング会議とは別の日に実施します。

ブレーンストーミングで得られたユニークなアイデアの数々を、「具体性があるか」「実行可能か」「費用はかかり過ぎないか」「複雑な手続きは必要ないか」「他の課に迷惑は及ばないか」などの視点から吟味して、とりあえずのハーフアンサーを決定します。

ここでアイデアを絞り込むうえでの大切なルールがあります。それは、感情論ではアイデアを消さないということです。アイデアを評価する際は、採用できない具体的な理由を説明しなければなりません。

アイデアを消去していくと、いくつか、どうしても消せないものが残ります。この残った案を参考にしながら、複数の考え方を結び付けたり、折衷案を検討し、より良い解決策を導き出すのです。

このハーフアンサー会議は、少人数のほうが結論がまとまりやすくなります。

第四のプロセス「実行計画会議」

この会議の目的は、解決策を実施するための具体的な行動計画を整理するということです。責任担当者は誰か、いつまでに実施するのか、どのような方法で実施するのか、などが主な決定事項になるでしょう。

このとき大切なのは、実行に関わる現場担当者の意見を収集し、参考にするということです。どんなに魅力的と思われる解決策も、それを実施する現場担当者の理解を得られなかったり、現場レベルでの重大な問題点を見落としていたのでは、何の意味もありません。

また、実行計画を立てる際のポイントは、担当する社員の個性や個別の事情を考慮するということです。担当を割り当てる段階になると、ワンマン上司が出てきて、部下の意見も聴かずに「彼にはあれを」「君にはこれを」と勝手に決めてしまうことがあります。これでは、社員の隠れた得意分野や、挑戦してみたいという意欲が活かされません。部下の個性や長所を発揮させるためにも、事前に部下の意向や、部下の置かれている状況を把握しておくことが上司の務めです。

この実行計画会議では、進捗状況の確認方法、実行しなかったときのペナルティの設定、責任の所在などを明確にしておくことも重要なポイントです。

第五のプロセス「経過確認会議」

この会議の目的は、進捗状況を確認するとともに、臨機応変に軌道修正を行なっていくことです。

どれだけ綿密な計画を立てても、いざ実行に移してみると、予想外の問題が発生することが少なくありません。問題は起こらないものという前提ではなく、問題はどうしても発生してしまうものと考えておくべきです。経過確認の実施頻度は施策によってさまざまでしょうが、しばらくの間は、二週間に一回などと予定を決めて、一定の頻度で実施することが望ましいでしょう。

会議を開くことの隠れた効果

さて、このハーフアンサー法、とくにブレーンストーミング会議を実施するメリットとして、「参加メンバー間に問題意識が浸透する」ことがあげられます。

以前、大手石油メーカーの顧問をしていたときの話です。

いつも赤字続きのサービスステーション（SS）がありました。なるほど訪れてみると、学生気分の抜けないスタッフと、気の弱そうな所長で切り盛りしていました。折しも、ガソリンの自由化で、ガソリンの値段がどんどん下がっていたときでした。

そのためSSでは、ガソリンを売るだけでは人件費も出ず、オイル交換、バッテリー交換、洗車などの「油外製品」で売上を伸ばすことが課題になっていたのです。

油外製品を販売する一番の方法は、お客様に車のボンネットを開けてもらうことです。ボンネット内を点検できれば、それだけ販売のチャンスが広がるからです。ところが、スタッフにその理屈をいくら説明しても、いっこうに意識が高まりません。

そこで私は、ブレーンストーミング会議を実施することにしました。テーマは「お客様が思わずボンネットを開けたくなるようなアイデア」でした。とにかく数多くアイデアを集めるというルールにのっとり、現実味に乏しくても良いし、ジョークの参加も大歓迎という前提で会議を実施しました。

会議は十分に盛り上がり、次々と彼らなりの意見が出てきましたが、残念ながら実現できそうなアイデアは生まれませんでした。

「車の下に煙幕を投げ入れて、お客様を驚かす」
「バールでボンネットをこじ開ける」
「作業中に指がはさまったと、泣き落とす」

なかなか厳しい意見ばかりでした。結局、具体的なハーフアンサーを出すことができず、次回あらためて会議を行なうことにしました。

そして翌月、そのSSを再訪問し、売上の数字を聞いて驚きました。なんと、売上倍増で利益も黒字に転じているのです。

その理由は何だと思いますか？

スタッフに理由を聞いてみると、どうやら、会議で楽しくアイデアを出し合っているうちに、「ボンネットを開けないといけない」という意識がスタッフのあいだに浸透したようなのです。あの日以来、彼らは彼らなりに声かけを実施し、その声かけの数に比例するように油外製品の売上も伸びていったのです。

若いスタッフは押さえつけられることを嫌いますが、自分自身で問題に気づき、対応を考えた場合には、予想以上の力を発揮します。

余談ですが、その後、このSSでは次のブレーンストーミング会議を実施しました。テーマは「お客様が、このSSを一生忘れられなくなるサービス」でした。出てきた意見は、「みんなでラインダンスで迎える」「アニメのコスチュームで給油する」など奇抜なものばかりでしたが、それがスタッフのやる気の向上につながったという点では、前回以上のものがありました。

「会議を行なったら、何でもかんでも結論を出さねばならない」という固定観念を、私自身が外せた出来事でした。

「誰もが納得できる解決策を出さねばならない」、そんな固定観念にとらわれた会議は、さまざまなしがらみを超えられない無力感や、現状を変えることがいかに難しいかを、みんなで確認するような会議に終わることが少なくありません。

これまで見てきたように、問題解決のための会議にはいくつかの段階があり、役割が異なります。ところが、会議は答えを出すものという考えを持つ日本の企業は、すべてを一度に実施しようとしてしまうのです。今回紹介したハーフアンサー法を参考に、会議の役割、実施の方法について、あらためて見直してみてはいかがでしょうか。

会議のやり方一つで、組織は見違えるように活性化していくのです。

4 相手の立場から考える技術

ハーフアンサーを選ぶときの基本的な考え方は、意見が対立したときに、自分の都合だけを押し通すのではなく、お互いが最大のメリットと最小のデメリットを得られるような方法を探っていくというものでした。

そのため、「相手の立場から考えてみる」という視点が、どうしても必要になります。

ただ、このような視点を持つためには、ある程度の訓練や経験が必要になります。

心理学には、違う立場の考え方に気づいてもらう手立てがあります。参考までに、代表的な例を二つほど紹介しておきましょう。

「役割交換法」でお互いに相手の立場になる

まず、「役割交換法」という手法です。

たとえば意見が合わない二人の人、「Aさん」と「Bさん」がいたとします。

Aさんは「Bさんに資料を集めてもらいたい」と思っています。ところがBさんは「資料を集めてほしければ、具体的にどんな資料が必要かを言ってほしい」と思っています。Aさんは「いいから、とにかく自分で良さそうだと思う資料を集めて来い」と指示を出します。しかし、Aさんの指示に納得できないBさんは、この指示に反発してしまう。こんな状況を想定してみます。

Aさんは Bさんに対し、「だいたいでいいから資料を持って来いよ」と不満を抱きます。一方のBさんはAさんに対し、「どうしていつも曖昧な依頼しかしないんだ」と腹を立てています。

こんなときに有効なのが「相手と立場を交換し、意見を主張してみる」という試みです。Aさんは、Bさんの立場に立って意見を主張します。Bさんは、Aさんの立場に立って意見を主張してみるのです。たとえば、こんなふうになるでしょう。

AさんはBさんの立場で、「Aさんが具体的な指示を出してくれないから、どんな資料を探してくれればいいか分からないのでしょうね」

と、Bさんの言いたいことを言います。BさんはAさんの立場で、

「おおまかに資料を集めてくれれば、Aさんはその中から必要な資料を考えられるってことですかね」

と、Aさんの言いたいことを言ってみます。

次に、AさんはBさんの気持ちを汲んで、

「でも、良さそうと思える基準がまったくない状態では、資料を集めようと思っても何から手をつけてよいか分からないでしょうね」

などと相手の立場になります。すると、

「よく分かりました。とりあえず資料をおおまかに集めますか」

「いや、こちらこそ、具体的にお願いするように努力をするよ」

と、お互いに理解が深まるのです。

お互いが、お互いの言いたいことや不満を理解し合う。そうすることで、行動を前進させる提案が出やすくなったり、「問題を引き起こしていたのは、自分自身のこんな態度や考え方だったのだ」ということに気づくことにもなるのです。

このように相手の立場で演じたり、発言してみるという手法を活用し、より良い問題解決や円滑なハーフアンサー法の実施に役立ててください。

「エンプティーチェアー」で一人二役をこなす

次に「エンプティーチェアー」という手法を紹介します。

さきほどの「役割交換法」は、異なる意見を主張する二人が、立場を交換して発言するという手法でした。これに対して、この「エンプティーチェアー」は、いわば一人二役をこなします。

まず二つの椅子を用意します。椅子は向かい合わせにして置きます。

まず実施者に片方の椅子に座ってもらいます。そして、誰も座っていない椅子に向かい、特定の人に対する不満や意見を語ってもらうのです。

「主任なんて最低です。いつも私にこんなひどい言い方をして、私の気持ちなんて全然分かっていないんです……」

いままでの主任に対する不満や、声に出したかった思いを出しきったところで、今度は反対側の椅子に座ってもらいます。そして、いま自分が口にした言葉に対し、主任の立場で反論してもらうのです。

たとえば、こんなことを言うかもしれません。

「最低とは何だ、君こそいつも私に反発ばかりするじゃないか。だから、やさしく接したくても、つい厳しい口調になってしまうんだ……」

そんなことを、主任の立場で反論してみるのです。そうすることで、自分の態度や行動が、主任にどのように映るのかをイメージする手がかりになります。

主任の立場で反論が終わったら、今度はまた元の椅子に戻ります。さきほど主任の立場で反論したことに対して、再び自分の立場から主張してもらいます。

「心から接したいと思っているなら、たまにはねぎらいの言葉をかけてくれればいいのに、いつもできて当たり前。私だって淋しいですよ……」

この主張が終わったら、再度座る椅子を替え、主任の立場で反論してもらう。

これを何度かくり返していくと、自分の都合や立場だけでなく、相手の都合や立場がイメージできるようになります。驚いたことに、「そうですよね、主任も大変なんですよね」などと、相手に対する同情心すら持つようになることも多いのです。

第5章

「価値観」の心理学

◉——部下に組織の価値観と常識を指導する

第1章 どうすれば部下は動くのか
権力から魅力へのリーダーシップ

第2章 「聴き方」の心理学
部下の心を理解し、能力を引き出す

第3章 「伝え方」の心理学
部下が自ら動き出す自己主張の技術

第4章 「問題解決」の心理学
意見の対立からベストアンサーを導く

第5章 「価値観」の心理学
部下に組織の価値観と常識を指導する

第6章 勇気と行動がオフィスを変える
明日から始める魅力型リーダーシップ

【価値観の見直し】

この章では、部下に組織人としての価値観と常識を浸透させるための指導法をマスターします。

若い部下の常識と、長年の経験に裏打ちされた上司の常識には当然違いがあります。しかし「長年の経験だから言うことを聞きなさい」は、見えない反感を買う言い方です。上司の信じている組織の常識が、なぜ常識なのかを再度考えてみましょう。

そして、それを浸透させることが本当に組織にとって得策なのか。本当に部下のためになるのか。常識に囚われているのは自分のほうではないか。いままでの常識で組織の発展につながるのか。こういったことを見直したうえで、部下に組織人としての常識や価値観を指導することが大切なのです。

上司の役割とは、部下が個性を十分に発揮できるような環境をつくることです。これまでの章では、それを実現するための方法として、「非指示的な聴き方」「自己開示メッセージ」「ハーフアンサー法」という三つの技術を紹介しました。

しかし、これまでの章を読んで、ある疑問を抱かれた方がいらっしゃるかもしれません。「部下の言い分ばかり聴いていたら、部下が好き勝手な行動を始めてしまうのではないか？」

こうした疑問です。そこで、それに対する答えをまず述べておきましょう。

「部下の行動を支援すること」と「部下の行動を放任すること」は違います。部下が個性を発揮できるように支援してあげることは大切ですが、部下が組織の規律を乱すような行動をとった場合には、部下を指導することが必要なのです。

つまり、組織の規律は個人の価値観よりも優先されなければならないのです。言い換えれば、部下には組織の規律を守ってもらったうえで、自由に行動してもらうことが大切になるのです。

たとえば、社会には社会のルールがあります。みんなが個性を発揮しながら、より良い社会をつくっていくことが望ましいわけですが、なかには社会の調和を乱してしまう人がいます。そういう人が道を踏みはずすと皆が困りますから、法律や常識があるのです。

それは、組織においても同じです。社員一人ひとりが自由な発想を持ち、積極的に行動するのは素晴らしいことです。けれども、組織には組織の価値観があり、一人ひとりの社員には役割があります。それを乱すような行為は周囲に悪い影響を及ぼし、組織の統制がとれなくなってしまいます。

ですから、「部下に組織人としての価値観と常識を浸透させるための指導法」が欠かせないのです。

守るべきルールを明確にして、部下がルールを踏みはずした場合には、それを放任することなく指導する強さが上司には求められます。そのうえで、部下の個性を引き出してあげるようなやさしさが大切です。

これまでの章で紹介した手法と、組織の価値観を守ってもらう指導法、この二つは車の両輪のようなものと考えてください。

1 部下を指導する強さを備える

価値観の対立がもたらす上司のジレンマ

上司と部下の個人的な意見が対立した場合には、お互いの欲求を確認し、アイデアを出し合い、歩み寄ることが可能でした。「ヤマアラシのジレンマ」の逸話のように『最大限の温もり』と『最小限の痛み』があるような、相手との距離を探す」ことにより、問題を解決することができました。

しかし、職場の中では歩み寄れないこともあります。たとえば、「部下の価値観」と「組織の価値観」が異なっているような場合です。

組織は目的集団ですから、収益を上げなければなりません。メンバー全員の利益も考えなければならない。もちろん、社会にも貢献しなければならない。それぞれの組織がいくつもの目的を持っています。そして、それを遂行するための規則や価値観を持っているのです。

たとえば、「経営理念」や「職務規定」がそうです。企業風土に根ざしている暗黙のルールなど、明文化されていないものもあります。また、一人ひとりの社員には組織人としての協調性が求められますし、社会人としての常識も守ってもらわなければ困ります。

こういったものは、職場の根幹をなすものですから、安易に譲ることはできません。部下の価値観を優先させてしまえば、それによって組織の規律や価値観が損なわれてしまいますから、歩み寄ることは難しい。ですから、部下に組織の価値観を指導することが必要になるのです。

しかしここで、多くの上司はジレンマを抱えることになります。なぜなら、部下を効果的に指導する方法を知らないからです。

多くの上司は、部下と価値観が対立すると、無意識のうちに権力を使ってしまう傾向にあります。それぞれの人は、育てられてきた環境が異なり、ものの考え方も違います。そして人は、自分の価値観を正しいものだと信じたがる感情を持っています。ですから、自分とは違う価値観に遭遇すると「何を考えてるんだ!」と、すぐに相手の価値観を押さえ込もうとしてしまいます。上司と部下の関係になると、その感情がいっそう強くなるのです。

しかし、権力型リーダーシップでは部下を指導することはできません。部下も自分の価値観を正しいと信じていますから、上司から自分の価値観を否定されたり、価値観を無理やり修正されると、上司に対して強い不信感を抱きます。

部下には部下の価値観があって、その価値観に照らしてものを考えています。だから、安易にそれを否定したり、権力を使って行動を修正しようとしても、効果は見込めません。見込めないばかりか、第1章で述べたように、権力を行使することで数多くの弊害をもたらすことになるのです。

上司のジレンマは、さらに続きます。

困ったことに、自分の価値観を通そうとする部下には、「非指示的な聴き方」「自己開示メッセージ」「ハーフアンサー法」などの手法を使っても、思うような効果は期待できないのです。

たとえば、「仕事の質を高めるために、自分の働きやすい時間に出社すればいいじゃないか」と考えている社員がいたとしましょう。

彼に対して「非指示的な聴き方」で共感的に理解し、気づきをうながそうとしても、彼は悩んでいるわけではないので、問題の解決にはつながりません。

「自己開示メッセージ」で上司としての正直な思いを伝えても、彼にも質の高い仕事をすべきだという信念があるため、思い通りには動かないでしょう。

「ハーフアンサー法」でお互いに歩み寄る解決策を見出そうとしても、問題にしているのは、譲ることのできない組織の価値観です。「君だけは特別に昼からの出社でもいいよ」などの対応は、なかなか図れません。個人的な利害の対立なら、ハーフアンサー法による歩み寄りも有効ですが、組織の規律や価値観については容易に譲ることはできないものです。

部下に指導できないジレンマ

また、社会人としての常識を指導する際にも、上司のジレンマは存在します。

先日もある企業で、「最近の若者は分からない。食事に連れて行っても次の日に『昨夜はごちそうさまでした』もない。上司が休日出勤したことを知っているのに『休日出勤ご苦労様でした』も言わない。こういうのは注意したほうが良いのでしょうか？」と聞かれました。

このような部下に対しても、これまでの三つの方法は使いにくいように思われます。それに、そもそも、この種の問題は指導しにくいものです。部下に具体的に注意しないからといって、大きな影響があるわけではない。けれども、職場の人間関係には多少なりとも悪い影響を与えてしまう。価値観の衝突といった大きな対立ではなく、微妙な対立だからです。

しかし、上司としては「それは違う」と言いたくなります。そこで、部下に熱く語って聞かせても、部下は上の空ということが少なくありません。「この上司は口うるさい」「細かすぎる」などと評価されてしまうのです。こうした評価を恐れて、指導しなくなるケースもあります。主観か客観かの微妙な問題を、部下に指導するのは難しく、神経を使うのです。

これからの時代は、自己中心的な価値観を持つ新世代の社員を、企業の戦力として育て、活かしていかなければなりません。そのためには、彼らに組織人としての価値観や、社会人としての常識を上手く指導していくことも、社員の独創性を発揮させていくための重要な方法です。

それなのに、多くの上司は困り果てているのです。

価値観の対立は、どのように指導してよいか分からない。常識の問題は、良くない影響を客観的に指摘することが難しい。ここに、上司の二つのジレンマが生まれ、ストレスを抱え込むことになります。そして、どうしてよいか分からないまま、上司という立場を利用した権力型メッセージを使ってしまうのです。

しかし、このような状況のときにも、部下が自分の価値観を進んで変えていくような指導法が、実はあるのです。気づきをうながすことでもなく、正直な思いを理解してもらうことでもなく、お互いが歩み寄り新しい解決策を導くことでもない、効果的な指導法がたしかに存在するのです。それを次に紹介しましょう。

2 部下が納得して受け入れる指導法

部下を指導するときのポイントは、「価値観を一方的に押し付ける」のではなく、「価値観を納得して受け入れてもらう」ということです。そのためのアプローチとして、次の二つの方法が効果的です。

【部下が受け入れる指導法】

・モデリング
・具体的なデータや事例を示す

自分自身がモデルになる

人はどのような状況のときに、他人の「価値観」や「指導」を受け入れようとするのでしょうか。

上司が部下に対して指導力を持つための一番の方法は、「部下から尊敬されている」という関係になることです。上司としての権力を使って部下を指導することはできません。部下に一番の影響力を持つのは、上司の「魅力」なのです。

世の中には強力な人望力やリーダーシップ能力を備えているカリスマがいます。そういう人になるのが理想でしょうが、別に天性の才能がなくてもいいのです。あなたには、あなたの魅力があるはずです。部下がその魅力に共感したときに、強い関係が生まれます。「ああいう人間になりたいな」「あの人みたいなビジネスマンになりたいな」「あの人は自分のことを理解してくれているな」と部下に思ってもらえるかどうかが大切です。

尊敬している人物、好感を持っている人物から、人は見習おうと考えるのです。

たとえば、ファッションリーダーと言われた安室奈美恵さん。彼女のファッションを若者が取り入れるのは、彼女が、いまの時代の若者に好かれているからです。みんなが彼女に好感を持っているから、「ああいうふうになりたいな」と考えて、ファッションを真似するのです。嫌いな人からは真似しようとは思いません。「野村沙知代さんは嫌いだけど、彼女のファッションは何か真似したくなっちゃう」などとは誰も思わないでしょう。

このように、相手の考え方や行動、スタイルを取り入れようとする行為を、心理学では「モデリング」と呼びます。人は、好きな人を見ると、自分もそうなりたいという願望を抱きます。それで、相手と同化したくて、すべてを真似ようとするのです。

ですから、部下に自分の価値観を受け入れてもらいたければ、部下から尊敬されることが肝心です。そのうえで、自ら行動で示すことです。それによって、異なった価値観を持っていた部下も、その上司の魅力に引っ張られるようにして、価値観を修正していきます。仕事のやり方だけでなく、物腰や立ち居振る舞いまで真似ることもあるほどです。

デール・カーネギーの成功哲学に「成功したければ成功者を真似てみろ」という名言があります。成功者や魅力的な人の考え方や行動は、無意識のうちに真似をしてみたくなります。

「学ぶ（まなぶ）」の語源は「真似る（まねる）」であると言われます。このことからも、学んでもらうためには、まず真似てもらうことの重要性が分かります。

モデリングの効果を高める

モデリングの効果を高めるためには、「好かれる上司になること」と「行動を通して示すこと」の二つが必要になります。

まず、好かれる上司になるためには、どうすればよいのでしょうか？

実はその答えを、第1章から第4章で述べてきました。好かれる上司の姿勢とは、どのようなものだったでしょうか。思い起こしてみてください。

それは、部下を押さえつけない上司です。つまり、権力型ではなく、魅力型のリーダーシップを発揮するということでした。上司の言い分が論理的に正しくても、上司が権力を振りかざしていれば、部下はその意見を進んで取り入れようとは思いません。上司がたとえ仕事のできる人でも、権力を振りかざしていれば、部下はその上司を尊敬できないのです。

魅力ある上司になるためには、部下の話をしっかりと聴き、部下の能力や個性を引き出してあげるような姿勢が大切です。また、上司の思いを正直に、部下が共感できるように伝えてあげる姿勢。部下と意見が対立したら、部下と一緒に問題を解決していく姿勢。これら日々のコミュニケーションの積み重ねが、好かれる上司になるための一番のポイントなのです。

さらに、上司自身が、人生を心から楽しんでいることが大切です。いつでも笑顔で、自信に満ちている上司。辛いときにも前向きに仕事に取り組み、まわりにはたくさんの人が集まってくる。部下は、そういう上司に憧れを抱くものです。

それが、いつもイライラしながら部下を怒鳴り散らしている上司ではどうでしょうか。見た目では部下は、上司に従います。でもそれは叱責される恐怖に怯えているだけで、心から上司に従うことはないのです。

ぜひ、あなた自身の「魅力」について問い直してみてください。「部下が命令に従っているか否か」という尺度ではなく、「部下に心から信頼されているか」「部下が真似したくなるような人間かどうか」というモノサシで、あなた自身を評価してみてください。そして、もし十分に信頼されていないと感じたら、日々のコミュニケーションを見直すことから始めてください。

まず自らの行動ありき

モデリングの効果を高めるためには、自分の魅力を高めるとともに「自ら行動を通して示す」ことです。理論や理屈をいくら並べても、部下は心から納得はしません。

部下に影響を与えるためには、自らが仕事を通して成功することです。すなわち誰が見ても分かるような具体的な成果を示すべきなのです。

日本海軍大将を務めた山本五十六も「やって見せ、言って聞かせ、やらせて見せ、誉めてやらねば、人は動かじ」と言っています。この「やって見せ」が人を動かすためには大切なのです。

心理学の研究の中に「言語と行為ではどちらのほうが人に影響を与えるか？」という研

究があります。結果は明らかに「行為」です。

たとえば、母親が子供に毎日のように「ウソはダメよ」と言い聞かせていたとしましょう。ところが、出たくない電話がかかってきたときに「いま、お母さんは外出していると言いなさい」と子供に耳打ちしたとしたら、子供は「ウソ」をつくときがあってもいいいんだと学習するでしょう。

また、心理カウンセラーが相談者に対して「あなたの話は興味がありますね」と語ったとしても、時おり腕時計をのぞき込む態度をとれば、相談者は「私の話など聴きたくないのか」と感じてしまうでしょう。

人間の本音は行動に出ます。「建て前」のことを英語では「What to say」と言います。「本音」のことは「What to do」と言います。部下は、上司の「言うこと」よりも「やること」を見ています。どんなに口で素晴らしいことを言っても、行動がともなっていなければ、部下は上司の行動を真似しようとは思いません。

ですから、まずは率先垂範です。部下の価値観を変えたければ、それを変えることによって、どのような良い効果が期待できるのかを、身をもって証明することが大切なのです。

ところが私たちは、自分を変えようともせずに、相手だけに変化を要求してしまう。そのほうがラクだからです。「言うのは簡単だ」とよく言われるように、行動することよりも、言うだけのほうが、はるかに労力は少なくてすみます。それに、リスクをとらずにすむのです。だから、自分では何の努力もせず、自分の価値観の素晴らしさを相手に押し付けようとするのです。

しかし、リップサービスだけで価値観や常識を論じている上司に、部下がついてくるわけがありません。自らリスクを背負い、自分の信じる価値観で成功をつかんでいる上司に、部下は憧れるのです。

脳のしくみからも、行動で示すことの大切さが分かります。人間の脳は、ものごとを言葉ではなく、イメージや情景としてとらえます。ですから、言葉で説明を受けたとき、人は、その説明をまずイメージに焼き直しているのです。自分がこれまでに体験したことや目にしたものなどからイメージを膨らませ、その説明を理解しようとするのです。

ところが、言葉をイメージに焼き直す段階で、実は少なからず「ズレ」が生じてしまいます。ここに話し手と聴き手のギャップが生まれます。つまり、部下は、上司が思い描いているイメージを、その通りに思い描くことはできないのです。上司がどんなに言葉を尽くしても、それを部下は完全に理解することは難しいのです。

だから、行動で示すことが必要なのです。具体的な行動を部下にイメージで伝えれば、両者の体験は重なります。上司が望んでいることを、部下は正確に理解することができるのです。
これが、モデリングが行動改善に効果を示す理由です。

具体的なデータや事例を示す

部下の価値観を動かそうとするときは率先垂範が必要であることを述べました。ただし、言葉による指導に意味がないわけではありません。行動で示すとともに、説得力ある言葉で部下に納得してもらうことが肝心です。

そのためには、なぜその価値観や常識が大切なのかを、上司自身がしっかり理解しておくことです。

よく「受け売り」の言葉や常識論をやみ雲に部下に伝えている方がいます。「なぜそうなのか」を具体的に伝えないで、「常識だろ」とか「それじゃダメだ」などの曖昧な言葉を連発するだけ。これでは部下は納得しません。

説得力を持たせるためには、上司自身が意味をよく理解したうえで、部下が納得できるような具体的なデータや事例をできるだけ多く示してあげることです。

これが、異なる価値観を受け入れてもらうための第二の方法です。

「行動を改めないと、具体的にどのような不都合があるのか」「こう考えることによって、具体的にどのようなメリットがあるのか」を、事例やデータをできるだけ多く集めて、分かりやすく示すのです。

事例やデータを調べるのは手間と時間のかかることです。しかし、相手に行動を変えてほしいのなら、手間と時間を惜しむべきではありません。なぜなら、相手は「価値観」という非常に動かしにくいものを動かさなければならないリスクを背負っているのですから。

私は新入社員の研修も数多く担当してきましたが、新入社員の多くは「これは常識だからこうするように」と言われると無意識に反発心を持ちます。ところが「これをしたほうが得だよ、これをすると損だよ」という話には、敏感に反応するのです。

「上司に言われたことに従いなさい。それが組織人だから」という研修担当社員の言葉には反発心を抱きます。しかし、私が「自分の主張を会社で通していくための方法を教えよう」と言うと、彼らは身を乗り出すように話を聴いてくれます。

たとえば、新入社員研修で私は次のような話をしています。

「昔から『出る杭は打たれる』というように、新人が自分らしさを主張しすぎると、社内で打たれるケースが多いようです。そこで『守破離の法則』という古来からの考え方を覚えておくとよいでしょう。

まずは、師匠の言うことを忠実に真似てみる。これが「守」。新人の皆さんが上司の言うことを真似て、仕事を覚える時期です。そうして成果を少しずつ出していけば仕事を任せられるようになりますから、少しずつ自分のやり方を取り入れてみる。これが「破」。それで、認められるようになれば発言権を持つようになる。イヤな先輩に何も言わせず、自分らしさを生かして仕事ができる。これが「離」です。

どうですか。最初から我を通しすぎてチャンスを失うのと、『能あるタカは爪を隠す』で上司に従って仕事を覚え、自分らしさを生かせるチャンスを待つのと、皆さんはどちらをとりますか。中国の兵法では……」

このように、いかに最初は上司の指示に従ったほうが得な考え方かを、事例を体系だてて指導していくのです。そうすることで、「常識だからやりなさい」では納得しなかった相手が、「なるほど、そうか」と自ら進んで行動を変えていくのです。

これが具体的な情報の威力です。人間は権威による押さえつけを嫌いますが、「なるほど」と納得できれば、自ら進んで行動を改めようとするのです。

このような反応は、新入社員に限ったことではありません。上司と部下の関係でもそうですし、お客様との関係でもそうです。

これは、子供の教育にも同じことが言えます。タバコがいくら良くないと教えても、一部の子供たちは吸います。「タバコは良くない」は常識だからです。「タバコは良くない」

ことくらい、パッケージにも印刷されているのです。

ある父親が、子供の喫煙について相談に来られました。そこで私が「タバコは、なぜ良くないのでしょう?」と質問すると、怪訝そうな顔で「タバコが身体にいいわけないじゃないですか」と答えられたのです。「では、どう身体に悪いのでしょう?」と尋ねると、「ニコチンとタールが悪いのです」と当然といった面持ちで答えられました。私が重ねて「ニコチンとタールはどう身体に悪いのでしょうか?」と質問すると、お父さんは「そこまで詳しくは知りません」としか答えられません。これではダメなのです。

そこで、お父さんにお願いして、仕事帰りに図書館にしばらく通ってもらいました。タバコが身体に及ぼす悪影響を徹底的に調べてもらったのです。「一日吸うと寿命が何日縮まる」という新聞の切り抜きや、吸い続けた人の肺と吸わない人の肺を比較した写真など数十点の資料が集まりました。それらを紙芝居のようなフリップにして、子供に分かりやすく解説してもらいました。

その子供は、圧倒的な恐怖のデータに怖じ気づいて、きっぱりとタバコを吸わなくなりました。

もちろん、子供のために図書館に通い詰めた父親の愛情の威力が大きいのですが、常識だけを叫んでも、人は変わりません。

部下に影響を与えたければ、部下から好かれるように努力し、自ら行動で示し、具体的に「なぜこの考え方が正しいのか」を部下に説明できることが必要です。これを意識しておけば、行き当たりばったりで部下に感情をぶつけることが減ります。部下が心から納得できるように準備することを、上司は考えるようになります。その結果として、部下は冷静にこちらの「価値観」や「常識」に耳を傾けるのです。

3 新しい価値観を受け入れる

ここで一つ、問題があります。

果たして、価値観を部下に指導するだけで良いのでしょうか。上司の価値観には間違いがないのでしょうか。

現代のように価値観が多様化する社会では、これまでの組織の価値観を見直すことも大切です。また、従来からあった職場の論理を部下に教育していくだけでなく、若い部下たちの新しい発想、新しい着眼点を受け入れ、組織の価値観を新しくしていくことも必要なのです。新しい考え方は、組織発展の大きな原動力になるからです。

上司の価値観を新しくする

「それまで正しいと思われていた既存の価値観を見直してみる」、これも価値観の対立を解く方法の一つです。

価値観が対立する原因の一つは、自分の価値観が正しいという思い込みにあります。絶対に間違いのない価値観などは、この世に存在しません。価値観は時間とともに変化し、環境によって変化するものです。

「相手と価値観が違う」と感じたら、相手の価値観をまず理解することが大切です。相手の価値観に耳を傾け、理解したうえで、「良い」と思うところ、「良くない」と思うところを整理し、考えていくべきです。

相手の価値観を理解しようとせず、自分の価値観をまったく変えようとしない人。そのような人は、学ぶ姿勢を持たない、心が寂しい人なのかもしれません。あるいは、他人の価値観を受け入れることで、いままでの自分の価値観が変わってしまうのが怖いと考えているのかもしれません。

私たちは、同じ価値観を持った人間に囲まれたいという願望を持っています。同時に、自分の価値観を変えたくないという欲求も持っています。自分の価値観を変えず、同じ価値観の人に囲まれたいと思う。だから他人の価値観を変えることに目が向いてしまうのでしょう。

真のリーダーは、自分より強い人間を歓迎します。一方、劣等感が強すぎるリーダーは、自己のプライドを一生懸命に守るため、相手に自分の価値観を押し付けようとします。

「価値観というものは、そもそも、他人から影響を受けてできあがったもの」、そのような認識をまず持ってみる。そして、自分の価値観に幅や深みを持たせるために、違う価値観をあえて受け入れたり、認めてみる。このようなことは、すぐれたリーダーになっていくためのステップの一つと言えるでしょう。

私は、近所の子供たちや、違う職業の方々の話を、積極的に聴こうと心がけています。彼らと話をすることで、「あっ、こんな価値観もあったんだ」「あっ、僕のこの価値観は、通用しにくくなっているんだ」など、価値観の新陳代謝がうながされていきます。

このような、価値観に対する柔軟な姿勢が、自分自身の価値観をさらに魅力的なものにしていくのです。

企業の価値観を見直す

組織の価値観を指導していく一方で、若い社員たちの新しい発想、新しい着眼点、新しい価値観を受け入れることも、組織を活性化させる原動力になります。

企業の価値観を見直すといっても、企業理念までを変えるような提案をしているわけではありません。ここで言う「見直してみるべき価値観」とは、企業理念を実現するためにつくられた暗黙のルールや慣習のようなものです。

真に卓越した企業の「永続の源泉」を調べあげた『ビジョナリーカンパニー』（日経BP出版センター）という本があります。この本の中でも、「基本理念を大事にすることは必要だが、基本理念を表す具体的な行動は、いつでも変更し、発展させなければならない」と指摘しています。そこに登場する企業の事例をいくつか引用しておきます。

◆「従業員個人を尊重し、配慮する」というヒューレット・パッカードの方針は基本理念の一部であり、ずっと変わらないが、毎日午前一〇時に果物とドーナツを従業員に配るのは、基本理念ではない慣行であり、変わることもある。

◆「顧客の期待以上のことをする」というウォルマートの方針は基本理念の一部であり、ずっと変わらないが、入口に挨拶係が立っているのは、基本理念ではない慣行であり、変わることもある。

◆「航空技術の最先端に位置し、パイオニアになる」というボーイングの目標は基本理念の一部であり、ずっと変わらないが、ジャンボ・ジェット機の製造に力を注ぐのは、基本理念ではなく、戦略の一部であり、変わることもある。

◆「個人の自主性を尊重する」という3Mの姿勢は基本理念の一部であり、ずっと変わらないが、一五パーセントルール（技術者が勤務時間の一五パーセントを自ら選んだプロジェクトにあてることを認める規則）は、基本理念ではない慣行であり、変わることもある。

◆「顧客へのサービスを何よりも大切にする」というノードストロームの姿勢は基本理念の一部であり、永遠に変わらないが、営業地域を集中させる戦略、ロビーでのピアノ演奏、在庫を余分に持つ方針は、基本理念ではない慣行であり、変わることもある。

第6章

勇気と行動がオフィスを変える

――明日から始める魅力型リーダーシップ

【勇気と挑戦心】

この章では、5章までに紹介したリーダーシップを実践につなげるうえでの、心の不安や葛藤について考えます。

魅力的な上司となるには、これまで無意識に行なっていたことを見直し、新しい自分を意識して行動しなければなりません。

心理学的に言うと、「老い」とは変化を恐れることです。頭が固くなった上司は時代の変化について行けません。漠然と変わろうと思っても、いままで慣れ親しんだ自分から抜け出せないのです。当然、部下との関係も変わりません。変化を起こすには、勇気と挑戦心が不可欠なのです。

ここでは、あなたが自己変革するための心構えと方法を、やさしく解説します。

1　行動からすべてが始まる

I love you because you are you

カウンセリングの一番のキーワードは「I love you because you are you」です。

「あなたがあなたであるから、あなたが大好きなんだ」というメッセージです。

あなたが金持ちだから、あなたの容姿が美しいから、あなたが私の期待に応えるから、ではありません。あなたそのものであるから、だから、あなたが好きなんだというメッセージです。

あなたは、後悔しない生き方をしていますか？　死を迎えるときにも精一杯生きたと思えるような生き方とは、どのようなものでしょうか？

考えてみてください。

会社の上司の期待に応えた生き方でしょうか。親の望むように過ごした生き方でしょうか。まわりの目に、気を使いながら生きた生き方でしょうか。

私は、こう思います。

「私が、私らしく生きられた」と思えることだと。「私が私である、ということに自信を持つことができた生き方」「自分という存在そのものに価値があるんだと思える生き方」、そう思えたとき、人は自分の生き方に満足し、充実感を得ることができるのです。時には失敗をしてもいい。それで、自分らしくあることができるのなら……。

ところが、自分ではそう思うのに、部下に対しては自分の考え方を強要したり、価値観を押し付けようとする。他人に対しては、その人らしく生きることを許そうとしない。ちょっとおかしな考え方だとは思いませんか。

以前、ドイツ人の友人から聞いたことがあります。「私の国では、失敗する『権利』があるのだ」と。人は皆、失敗する権利を持っている。失敗するからこそ、人はどうすればいいかを自分で考えるし、成長していくのだ、と言います。

ところが、日本の企業では失敗が許されない。小さなミスでも、上司の機嫌が悪ければひどく怒られてしまう。誰かが新しいことにチャレンジしても、冷たい視線を向け、失敗すれば怒ったり嘲笑したりする。そういうことが続くと、組織の中に「自分の身を守ろう」という風土が生まれます。

何かに取り組むときには、「失敗してミスをとがめられないように、前任者のやり方を模倣したり、言い訳を考えながら仕事をしたり」という風土が染み付いてしまいます。そのような企業は、変化に対して臨機応変に対応することができなくなります。

前にも述べましたが、企業などでアクティブリスニングの話をすると、管理職の方々から強い反論をいただきます。

「部下を認めるような言い方をしたら、あいつらつけあがりますよ」

「部下の意見にはくだらないものが多いから、いちいち聴いてられませんよ」

しかし、ちょっと考えてください。

たしかに、部下から上がってくる意見というのは、上司の立場から見ればくだらないものに映るかもしれません。しかし、人間というものは、AさんにはAさんの、BさんにはBさんの、CさんにはCさんの意見や感じ方があるのです。

よく「客観的にものごとを見なさい」と言われますが、この世の中はすべて主観でできています。一〇〇人いれば、一〇〇通りのものの見方があります。

もし部下のものの見方が未熟なら、彼らにはどのように映っているのか、どのように見えているのかを聴いてあげるのが、魅力的なリーダーです。そして、もし彼らの受け取り方が間違っているのなら、どの程度間違っているのか、どこが間違っているのかをていねいに伝えてあげることがリーダーの仕事ではないでしょうか。

事実を受け止めて行動する

困った状況に直面したとき、その場にたたずんでしまう人がいます。「頭を抱えていれば、何か特別なことが起こるはず」「その場で困っていれば、きっと誰かが助けてくれる」、無意識のうちにそんな発想を抱いてしまう人がいます。

残念ながら、ほとんどのケースでは何も起こりません。事実は事実として受け止めて、自分の力で動き出さなければ事態は改善されません。

じっとしていれば誰かが助けてくれる。これを「幼児性の心理」と言います。子供というのは、そこにたたずんでいれば、誰かが助けてくれる、何か自分に都合の良い状況に変わっていく、そんなことを思います。「自分だけは特別だ」と思う心理です。

自分を取り巻く、あまり好ましいとは思えない職場環境。好ましいとは思っていないが、いつか自分に好ましい状況になるだろうと思い、何も行動を起こさない。または、自分だけに好ましい状況をつくり上げるために、いままで通りの権力型リーダーシップを変えようとしない。

このような幼児性の心理を持つビジネスマンが、とても多いように思えてなりません。

「部下にこうなってほしい」「会社がこんなふうに変わってくれたら……」、そんなことをいくら思っていても、あなたの思い通りに部下は変わらないし、会社も変わりません。なぜなら、部下も会社も、あなたの都合の良いようにつくられているわけではないからです。

「賢者」とは、失敗した後に、そこにたたずむことなく、次の一歩を歩みはじめる人のことです。事実を事実として受け止めて、歩みはじめるから進歩があるのです。

人間関係におけるエントロピーの法則

物理学の世界には「エントロピーの法則」というものがあります。すべてのものごとは、何も手を加えないと「秩序ある状態」から「秩序のない状態」に向かって動いていくという法則です。

たとえば、氷が溶けていったり、レンガが少しずつ欠けていったり、部屋が汚れていったり、という現象も、秩序のある状態から秩序のない状態に向かった結果です。

実はこれらの現象は、物理学の世界だけのものではありません。組織や人間関係についても、エントロピーの法則が見られるのです。

まったくミーティングを開かないような組織は、意思統一が図れなくなり、目標を見失います。個人が勝手に好きな仕事を始めてしまい、組織としての機能はどんどん低下していきます。

人間関係でも同様です。相手にまったく関心を示さなかったり、会話を交わさなければ、その人との心の交流は失われていきます。

もしその人との関係を改善していきたいと思うなら、何らかの行動が必要になります。エントロピーの法則から言えば、何も手を加えなければ、ものごとは秩序のない方向へ向かってしまうからです。

「部下に声をかけることも、結構エネルギーがいるんですよ。いやー、難しいですね」とおっしゃる方がいます。当然のことです。放っておけば良くない方向へ向かっていくものを、良い方向へと押し戻しているのですから。これは本当にエネルギーのいることなのです。

そして、「大切でない人」への一言と、「大切な人」への一言では、「大切な人」にかける一言のほうが遙かにエネルギーを必要とします。道ですれ違った人が、大切なお客様か、そうでないお客様かによって大きく変わるようにです。そして、そのエネルギーのかけ方が、実は人間関係に大きな影響を及ぼしています。

あなたは、大切な人に大きなエネルギーを費やしていますか。エネルギーを惜しんだり、面倒がったりするたびに、人間関係は良くない方向へ動いてしまいます。

マザーテレサからのメッセージ

あるテレビ番組で、レポーターがマザーテレサに質問を投げかけていました。

「なぜあなたは、そんなに多くの人を救えるのですか？」

マザーテレサは答えました。

「私はたくさんの人を救おうとはしていません。一人の人を救おうとしているのです」

「それはどういうことですか？」

「イエス・キリストが姿を変えて私の前に現れています。一人は手足がない人、一人は重病人、一人は飢えで苦しんでいる人。そんな方々に姿を変えて、イエスは私を試そうとしているのです。イエスが私の心のドアを、姿を変えてノックしてきます。そのとき、私は心のドアを開けるか、開けないか、それを試されているのです。私の目の前にいるのは、姿を変えたイエスただ一人なのです」

そんなマザーテレサも、神に対して一度だけ怒りを発したことがあるそうです。

「これだけ多くの人たちが苦しんでいるのに、どうして神は救いの手を差し伸べようとなさらないのですか。どうしてあなたは、動こうとなさらないのですか」

そんな怒りを神に抱いたのだそうです。

そして、その夜、彼女は啓示を受けたと言います。

「私が何も動こうとしていないと、おまえは言うのかね。私は動いている。なぜならば、苦しんでいる人たちを救いたいと心から思っている『あなた』をつくったではないか。神を怒るくらい、救いの必要性を感じている『あなた』をつくったではないか。もし私が動いていないと思うなら、それは、あなたが動いていないからだ」

この世の中が「上手くいかない」と思うのなら、それは私たちが上手くいくための努力をしていないからかもしれません。上手くいかないように世の中を見て、上手くいくための行動をしていないからかもしれません。

もし神様がいて、救いの奇跡を起こすことがあるならば、それは、一生懸命に努力をした後に救おうとなさるのだと思います。「お賽銭《さいせん》さえ入れておけば、何とかなるだろう」というのは、甘い発想です。

知識をどれだけ詰め込んでも、考え方は変わりません。考え方をどれだけ変えても、それが行動として表れなければ、相手に伝わらなければ、人間関係は良くなりません。

行動を変えるときのポイントは「急ぎすぎない」ことです。まずは小さなところから、できることから取り掛かる。これが大切です。

いきなり、「話し方」や「聴き方」をガラリと変えようと思っても、現実的には無理なことでしょう。二〜三日できたとしても、その変化の負担に耐えられず、すぐ挫折してしまうでしょう。

人は、いきなり大きな課題に直面すると、課題の大きさにストレスを感じてしまい、身動きがとれなくなってしまいます。ですから、まずは「目の前にある小さな障害」や「自分のできる範囲のこと」から取り掛かることが大切です。

2 あるがままに受け入れる

不安や葛藤を敵対視しない

代表的な心理療法に、慈恵医大精神科の森田正馬教授によって創始された「森田療法」があります。

それまでの心理療法の考え方は、

「悩みの原因となる不安や葛藤を分析し、それらを人間にとって良くないものと認識し、除去する」

というものでした。これに対し森田療法では、

「不安や葛藤も、人間が持つ当たり前の感情として『あるがまま』に受け入れよう」

と考えます。

不安、恐怖、孤独、怒りは、時として私たちを不快な気分にさせます。私たちは、不快な気分になることを避けるため、それらの感情を自分の心から切り捨てようとしたり、目

を背けようとします。

しかし、これらの対処法では、その「悩み」を完全に切り捨てることはできません。相変わらず、その人の心の中に「悩み」として存在し続ける場合が多いですし、目を背けようと意識するあまり、ますますその問題に焦点があたってしまうことが少なくありません。

たとえば、ゴルフをしているときに「ボールをバンカーに入れてはいけない」と思うと、なぜかボールはバンカーのほうに飛んで行ってしまう。これも、問題から目を背けようとするあまり、逆に問題に焦点があたってしまった典型的な例と言えるでしょう。

このような状況に対して、森田療法では、不安、恐怖、孤独、怒りを、切り捨てたり、目を背けることなく、まず受け入れようと考えるのです。

たとえば、大勢の前で話をするとき、「人前で上がってしまうんじゃないかな」と思ったとします。不安を切り捨てようとする発想では、

「上がってはいけない。きちんと話をしなければならない」

となるでしょう。けれども、そんなことを強く思えば思うほど、実際にはどんどん緊張してしまう。

その原因は、「上がってはいけない」と思いながら、同時に「上がったらどうしよう」と、不安感も一緒に増大させているからなのです。「失敗してはいけない」と強く何度も

思うことで、失敗のイメージを増大させていきます。

さらに悪いことに、その不安感を切り捨てたいという思いは、自分に「高いハードル」を要求することになります。

「自分は失敗したくない」「失敗してはいけない」「完璧に話さなければならない」「完璧でなければ、完璧でなければ……」、そんな余裕のない状態になってしまうのです。これでは、失敗するなと言うほうが無理というものです。

一方、森田療法では「人前で話をするときは、緊張するもの」「自分は上がりやすい人間だ」と、自分の素直な感情を「あるがまま」に受け入れようとします。

上がってしまう自分を直視し、「そんな自分でもOK」と、それを認め、許してあげる。「人間は人前では緊張するもの」「私は人前で緊張しやすいタイプの人間」「だから緊張するのは仕方ないこと」「それがあるがままの私だから」「そんな私でも相手に伝えたいことがある。できる範囲で精一杯伝えていこう」

そんな心の持ち方によって、問題に対処していこうという心理療法なのです。

不安を感じたとき、不安になるのは当たり前のことです。ところが私たちは「不安を抱いてはいけない」と思ってしまいます。だから、自分の感情を押さえ込み、自分を追い込み、自分を苦しめてしまうのです。

不安があったら、あるがままに不安を認めてしまう。「不安もあるけどOK」、そのような精神状態になることで、できないことばかりにあたっていた焦点が、「できること」にあたりはじめるのです。

話を始める前に「すみません。いま緊張しています」と言ってしまうと、不思議にリラックスして話ができたという経験をお持ちではないでしょうか。それは自分の正直な感情を、自分自身で受け入れることができたからなのです。

「完璧にできなければならない」という高いハードルから、「自分のできる範囲で精一杯やろう」に変わっていく。それによって、実力通りの力が発揮できるようになるということも、森田療法の効果の一つです。

悩む前にまず行動する

森田療法の代表的な考え方として、「行動主義」という考え方があります。

たとえば会議などで発言しようと思っても、緊張してしまい、なかなか発言できない人がいます。これらの人は、頭でいろいろ考えすぎてしまうのです。

「発言の内容が的外れだったらどうしよう」

「無視されたらどうしよう」

「笑われたらどうしよう」

そんなことを考えてしまいます。考えれば考えるほど、体が動かなくなってしまいます。

そこで森田療法では、「悩む前に、まず動きなさい」と説いています。つまり、「考えれば考えるほど、人は悪いイメージを持ってしまったり、不安感を膨らませてしまうものだから、そんなことを考える前に、まず手をあげなさい」ということです。

不安は、自分の心がつくり出してしまうものです。不安になるようなことを考えはじめると、不安はどんどん大きくなっていく。時には恐怖心さえ感じるかもしれません。この恐怖心に打ち克つためには、そんな恐怖の感情が生まれる前に、まず行動してしまうことが重要だと言うのです。

「自分の考えを主張する」という行為は、「自分の考えや行動に責任をとる」という行為です。責任をとらなければならない状況になると、人は誰しも不安な感情を覚えるものです。それが普通です。ですから、「人前で発言するのは不安なこと」と、その感情をあるがままに受け入れ、行動に移してみることが、恐怖心を克服する方法です。

まず手をあげてみる。そうすると、発言しなければいけない状況になります。そうなれば、必死で人は発言する。発言している最中には、不安や恐怖心が生まれる余裕などなくなるでしょう。

「認められないことが怖い」「もしかすると私を認めてもらえないかもしれない」などと、あれこれ悩む前に、まず行動すること。そして行動するためには、不快な感情をあるがままに受け入れることが大切です。

たとえば、机の上にたまった書類の束を目の前にすると、「嫌だなあ」という感情を抱いてしまいます。そのとき、この感情と闘おうとする人がいます。

「この山のような書類の束を、何とかせねば」

そんなことを思う人ほど、完璧主義なのでしょう。そしてどうなるかというと、

「何とかせねば。これだけ積みあがった書類を何とか処理しなければ……。でも、これだけの書類を処理するには、かなりの体力と気力が必要だ。残念ながら、いまは体力も気力もない。まあ、後でやることにするか」

などと考えがちです。次の日にはもっと書類が積みあがっていますから、

「さらに増えたこの書類を処理するためには、もっと気力が必要だ」

などと考えてしまう。こんな人はいつまでたっても自分から書類に目を通そうとしませんから、上司やお客様から「書類の処理に、いつまでかかっているんだ」などと注意されることになります。

私の机の上にも書類の束が積みあがることがあります。「嫌だなあ」と思います。でも、

私は「嫌だなあ」という感情と闘いません。そのときの感情をそのまま受け入れ、「まず二〜三枚、目を通してみるか」くらいの気持ちで書類に目を通しはじめるのです。

すると不思議なことに、だんだん書類に目を通す作業が苦痛ではなくなり、ペースも上がっていくのです。書類の束がみるみる減っていきます。時には、書類の整理だけでは飽き足らず、他の仕事もこなしてしまうくらいです。

はじめは「嫌だなあ」と思うかもしれません。しかし、その気持ちと闘ったり、目を背けようとせず、あるがままに受け入れる。そして、まず行動してみる。これが大切です。

完璧主義から抜け出し、自分のありのままの感情を受け入れてみてください。自分の未熟なところも許してあげてください。

人は「自分を愛せる程度にしか、他人を愛することはできない」と言います。自分の弱さを許せない人は、他人のダメなところも許せないのです。あなた自身も、自分のあるがままの感情を受け入れることで、部下に対する感情にも変化が生じてくることでしょう。

3 きっかけづくりから始めよう

有縁を度す

浄土真宗開祖の親鸞の言葉に「有縁《うえん》を度《ど》す」というものがあります。「まず、縁のある人、身近な人を助けることが大切」という意味の言葉です。

人生の中で、自分の役割が見出せなくなったときは、「まず身近な人を助ける」ことから始めてみてください。

「役立つ」ことが「役割」をつくっていくと言います。自分のできることが分からなくなったときは、大きなことを考えず、自分ができる小さなことから役立ってみるという気持ちが大切です。そして、そんな小さな役立ちへの思いが、具体的な行動につながっていくのです。

そこで、私がぜひ皆さんに実施していただきたい、二つの小さなきっかけづくりがあります。

感謝の気持ちを伝えよう

まず一番目は、第3章で説明した「感謝の自己開示メッセージ」です。相手に感謝の気持ちや喜びを伝えるメッセージを一つ、つくってみてください。

あなたの会社で、あなたに対して、当たり前のサポートをしてくれている人がいると思います。その人の顔を思い出してみてください。そのサポートの内容に対して「行為や出来事」「波及効果」「素直な心情」の要素の入った感謝の自己開示メッセージをつくってみるのです。

日頃あなたが忘れかけている当たり前と思いがちなことに目を向けて、そのことでどう助かっているのかを考えながらつくってください。

当たり前のことほど大きな効果を示します。あなたが当たり前と思っていても、相手にとっては当たり前ではないことが多いのですから。当たり前と思われる行為の裏には、必ずその人の努力があるのです。

参考までに、感謝の自己開示メッセージの例を、いくつか紹介してみます。

「君がこの書類を整理してくれたおかげで、会議までに間に合ったよ。本当に助かったんだ。ありがとう」

「いつも君が、朝元気に挨拶してくれるので、他の皆が仕事に対して積極的になろうとするんだ。実は本当に感謝していたんだ」

「○○さんが、いつも最新の情報を集めてレポートしてくれるので、新しい企画を考えるときにとても参考になっているんだ。本当に助かっているよ」

日本人は感謝の気持ちを表現するのが苦手です。すぐに照れてしまい、「そんなこと言えませんよ」「現実的には難しいですよ」と言ってしまいます。思っていても言葉で表現するのは勇気のいることです。けれども前にも述べましたが、自分から何かを変えないと、結局何も変わらなくなってしまうのです。

私は講演の後、参加者の方々に必ずお願いすることがあります。「講演を聴いて『そうだなあ』と思った気持ちを大切にしてください」というお願いです。

講演を聴いてロビーを出た後、

「衛藤先生の話は面白いけど、現実は難しいな」

と言う方がいらっしゃいます。そういう人たちは、そう発言することで「変わらない努力」を始めてしまうのです。感動した自分の気持ちに照れを感じて、そのように言ってしまう方もいますが、そういう言葉を発することによって、自分自身に「変わらない」という暗示をかけてしまっているのです。

冷めた態度で、変わることに抵抗して、自分に対して変わらないことを要求してしまう。

そんな方に出会うと、「そんなに自分を縛りつけなくてもいいじゃないですか」と言いたくなります。「もっと自分の感じたことを、素直に実践されたらどうですか」と言いたくなります。

勇気は出すためにあるのです。だったら思いきって出してみましょう。自分の正直な気持ちをさらけ出し、感謝の気持ちを伝えることで、誰もあなたを見下したりはしません。その気持ちを伝えられた人は、照れてしまって反応してくれないかもしれませんし、驚かれるかもしれません。それはそれでいいじゃないですか。

相手がどう思うかも大切ですが、もっと大切なのは「まず自分が言ってみる」ことです。相手は、心の中では喜んでいるはずです。

完璧にできなくてもいいのです。やれる範囲でいいのです。格好をつけずに、素直な気持ちを表現するだけです。

もし、あなたが本当に社内の人間関係を変えたいと願うなら、まず、あなたの明日からの行動を変えていくべきです。身近な人と正直に関われる環境をつくることです。あなたの勇気ある行動は、身近な人たちの心に変化をもたらすでしょう。それをきっかけに、やがて大きな変革がもたらされることもあるのです。

感謝の自己開示メッセージ、これが一番目の提案です。

笑顔と希望を与えよう

きっかけづくりの二番目の提案は、「笑顔と希望を与えよう」ということです。

電車に乗っているサラリーマンの顔を見ると、いつも「暗いなあ」と思ってしまいます。こんな暗い表情で会社へ行くのかと思うと、その会社や部署が心配になります。

もしあなたが暗い顔をして「仕事が辛い」という空気を漂わせているなら、それをやめてください。その姿をあなたの部下はいつも見ています。

彼らはこう思うでしょう。

「僕たちは社会人経験が浅いから、『仕事が苦しい』と思っていたが、経験を積んで管理職になっても、やっぱり苦しいことばかりなんだな」

上司は、部下や後輩に、働くことの楽しさや希望を与えるのが仕事です。ところが、それを放棄するばかりか、失望感すら与えてしまう。これで部下に「しっかり働け」と言っても、それは無理というものです。

苦しいときに苦しい顔をするのは、ラクなことです。あなたがラクをするたびに、部下たちは将来に不安を感じます。仕事に「楽しさ」ではなく「苦しさ」を感じとります。

苦しいときだからこそ、苦しさを受け入れて笑顔で仕事をしてください。部下の未来に希望を与えてください。苦しい状況でも逃げることなく頑張っていく上司の姿を見て、部下は心から「ついていきたい」と思うのです。

私は若いビジネスマンと話をするとき、嘘をつくことがあります。

二四歳のビジネスマンから「仕事が上手くいかないんです」と言われたときは、こんなふうに答えました。

「二四歳か。この頃が一番辛い時期だな。いま仕事が辛いと思っているんだね」

「はい、そうなんです」

「僕も辛かった。何か暗いトンネルに入ったような気分で、自分がこれからどうなってしまうのか、とても不安だろ」

「はい、不安です」

「分かるよ。だいたいその時期だね。きついなあと思うのは」

「本当ですか」

「そう。その時期を過ぎると『なるほど、こういうことだったのか』と分かる時期が来るんだよ。トンネルを抜けてパッと視界が広がるようにね」

「本当ですか」

「そう、それが二八歳くらいかな。急にいろんなことが分かってくるよ。これはこういうことだったのか、と」

そんな話をするときがあります。すると二四歳のビジネスマンは、やがて訪れるであろう明るい未来に向かって、顔を上げて歩み出そうとするのです。

また、三〇歳のビジネスマンから「仕事が上手くいかないんです」と言われたときは、こんなふうに答えました。

「三〇歳か。この頃が一番辛い時期だな。僕も辛かった」

これらは、本心で言っていないときがあるかもしれません。しかし、

「三〇歳？　そうか、辛いか。でもこれからますます辛くなっていくぞ。役職がついてくると責任も増えるしな」

などと言ってしまうより、遙かに良いと思っています。

くり返しますが、部下の未来に希望を与えてください。笑顔で接してください。部下は、あなたの中に自分の将来の希望を感じ取ろうとしているのです。

一日一回、笑顔を振りまいているだけでも、まわりは変わっていくのです。

笑顔と希望を部下に与える。これが二番目の提案です。

Someday

ある有名企業を定年退職した元幹部の方から、「最近、昔の夢を見るんです」という話

を聴きました。会社時代に部下と喧嘩をしている夢をよく見るのだそうです。

「先生、いま思うと、あのときが一番楽しかったんです。そして、部下とやりあっている夢を見るたびに、もっとあいつの話を聴いていたらなあと思うんです。あいつ、一生懸命、俺に話してくれてたんだって、いまになって分かるんですよ。いやー、懐かしくってね……。でも夢の中の僕は、あいつの話にいつも反論しているんです。そうすると、もう一人の僕が『もっとあいつの話を聴いてやれよ』ってささやくんです。そうすれば、あいつは会社を辞めなくてもすんだじゃないかって。先生、後悔は先にたたずって言いますけど、あれは本当ですね」

そんな話でした。会社を辞め、昔のことをよく思い出されるそうですが、思い出すのは決まって苦しかった思い出なのだそうです。そして、いろいろなことに気づかれるそうです。

「今」というこの瞬間は二度と戻って来ることはありません。「今」だからこそ、できることがあります。それは何でしょうか。今日という一日は、昨日とは違います。「過去と他人は変えられない」と言われます。昨日はもう変えられないのです。

いま、ちょっとまわりを見回してみませんか。隣に座っている人、置いてあるもの、流れている風景、それらは見方を変えれば、何か特別なものをあなたにもたらしてくれるのかもしれません。

何か新しいことにチャレンジしようと思っても、「いつか、そのうち」と、つい言ってしまうことがあります。

「いつか＝Someday」ですか？

MondayからSundayまで調べても、Somedayはありませんよ。

著者紹介

衛藤信之（えとう・のぶゆき）

心理カウンセラー。日本メンタルヘルス協会代表。心理学の学派や権威にとらわれずに、難しい理論を面白おかしく説明できる逸材として、語りでは吉本風心理学の異名をとる。心理カウンセラーのなかでは顧問企業数はトップクラス。講演や研修を行なうかたわら、全国で心理学のゼミナールを開催。著書に『心時代の夜明け』（PHP研究所）など。

＜主な企業講演・研修等＞

アシックス、アメリカンファミリー生命保険、NTT、大阪モード学園、学研、関西電力、近畿日本ツーリスト、KDD、コーセー化粧品、三和銀行、三和総合研究所、CSK、JTB、シャープ、シャルレ、住友生命、高島屋、日本IBM、日本エステシャン協会、日本経済新聞社、パソナ、阪急電鉄、船井総合研究所、ポーラ化粧品、ホテルオークラ、松下電器産業、読売新聞社、ワールド、他多数。

編集協力――大木浩士（船井総合研究所）

上司の心理学
部下の心をつかみ、能力を高める

2000年8月31日　初版発行

著者／衛藤信之

装丁／布施育哉
印刷／亨有堂
製本／川島製本所

発行所／ダイヤモンド社
〒150-8409　東京都渋谷区神宮前6-12-17
http://www.diamond.co.jp/
電話／03・5778・7233（編集）　0120・700・168（受注センター）

©2000 Nobuyuki Etoh
ISBN4-478-71038-4
落丁・乱丁本はお取替えいたします
Printed in Japan

◆ダイヤモンド社の本◆

世界的心理療法家が教える自己革命

トラウマ（精神的外傷）を探り、分析することで、あなたはどう変わるのか？　過去に囚われるばかりでは、あなたは変われない。今の、そしてこれからの幸せは、あなた自身がつくるのです。

性格は変えられない、それでも人生は変えられる

エリス博士のセルフ・セラピー

アルバート・エリス［著］齋藤勇［訳］

●四六判上製●288頁●定価（本体1800円＋税）

http://www.diamond.co.jp/